TRAITÉ DE CONFITURE,
OU LE NOUVEAU ET PARFAIT
CONFITURIER;

QUI ENSEIGNE LA MANIERE DE BIEN faire toutes sortes de Confitures tant seches que liquides, au sucre, à demy sucre, & sans sucre, au miel, au moust, à l'eau, sel & vinaigre.

Des Compostes, des Pastes, des Sirops, & Gelées de toutes sortes de fruits.

Des Dragées, Biscuits, Macaron, & Massepain.

Des Breuvages délicieux, des Eaux de liqueurs de toute façon, & plusieurs autres délicatesses de bouche.

Avec l'Instruction & Devoirs des Chefs d'Office de Fruiterie & de Sommelerie.

A PARIS,

Chez THOMAS GUILLAIN, sur le Quay des Augustins, à la descente du Pont-neuf, à l'Image S. Loüis.

M. DC. LXXXIX.

AVEC PRIVILEGE DU ROY.

INSTRUCTION ET DEVOIR

DU

CHEF D'OFFICE

DE FRUITERIE,

ET DE SOMMELERIE.

LA Charge de l'Officier consiste en plusieurs chefs, elle est d'un grand soin, & specialement en ce qui est de la vaisselle d'argent, linge, & autres ustancilles, dont ceux qui en prennent la charge baillent caution, de laquelle il faut avoir un soin continuel de faire une reveuë tous les jours avant que de se coucher, pour voir s'il ne vous manque pas quelque piece de vaisselle ; vous avertissant qu'il ne faut point attendre au lendemain à les chercher, mais le jour mesme s'il se peut.

Dresser bien proprement vostre cou-

Instruction & devoir

vert pour difner & fouper à l'heure qu'il vous fera ordonnée par le Maiftre d'Hoftel.

Il faut que l'Officier fe trouve pour donner à laver à l'entrée de table, & pour conduire fon fruit.

Tenir vos verres bien nets, & vos bouteilles bien raincées.

Au fortir de table il faut donner à laver les mains de quelque eaüe de fenteur, felon la faifon, à ceux qui en voudront.

Et incontinant aprés avoir foin de faire rapporter toute voftre argenterie.

Comme auffi de faire nettoyer voftre vaiffelle les matins & les foirs, afin que l'on en rende compte quand on le demandera.

Ledit Officier fera foigneux de tenir fon fruit preft pour fervir, qui fera accommodé proprement, avec des enjolliveures autour, comme des fleurs & feüilles felon la faifon. Vous les drefferez en pyramide ronde, en pointe, en carré, ou en triangle, ainfi que vous voudrez, & femblablement en ferez de mefme aux falades.

du Chef d'Hostel.

Des Salades.

Les salades de bletteraves se doivent faire avec des enchoyes assaisonnez d'huile d'olive, sel & vinaigre, enrichie autour du plat de persil.

Les salades d'enchoyes se doivent faire avec du cerfeüil; mais auparavant faut détremper vos enchoyes en eauë fraische, qu'il faudra assaisonner avec de l'huile d'olives, vinaigre, & du poivre blanc à discretion.

Aux salades de laictuës en festins l'on y met du sucre, musc, & ambre gris, enrichies de fleurs.

Et pour toutes les autres salades, elles se doivent assaisonner avec de l'huile d'olive, vinaigre & sel.

Ledit Officier fera journellement la distribution du pain, & du vin, sçavoir à déjeuné, disné, & soupé, & pareillement de la chandelle au soir pour toute la maison, selon & ainsi qu'il luy sera ordonné par le Maistre d'Hôtel; & sera soigneux de donner son memoire de toute la dépense de l'office à la fin de chaque mois audit Maistre d'Hôtel.

Instruction & devoir

L'Officier doit sçavoir plier le linge en toutes sortes de façons & figures.

Il doit aussi sçavoir que pour la conservation des vins qu'il a en sa charge, il faut remplir tous les mois ses futailles de bon vin de la mesme qualité qu'ils seront, & ensuite les bien boucher, & mettre force sable dessus & autour du bondon, de crainte qu'ils ne s'éventent.

Les fraises, framboises, groseilles vertes, & amandes vertes se servent en compotte.

Les cerneaux se doivent détremper dans de l'eau, sel, & vin blanc, sçavoir sur chopine d'eau un verre de vin blanc.

Il faut avoir des moules pour découper la fruicterie de l'office.

Nota aussi qu'il faut avoir des moules de bois de la rondeur du creux de vostre saliere, pour appliquer sur le sel qui sera dedans icelles pour mettre sur table, ausquels moules seront gravez en haut relief ; sçavoir pour les jours maigres une écrevisse, un poisson de son long, & un dauphin pair, afin de changer de fois & d'autre.

du Chef d'Office.

Et pour les jours gras un cocq ; en un autre plusieurs petits oiseaux, & en un autre un liévre ou un taureau.

Et aux jours maigres vous pouvez aussi appliquer vosdits moules sur des abesses de beurre en forme de beurre de vanvre en rond pour servir sur table, & moüiller vostre moule avec de l'eauë ; de crainte que le beurre ne tienne à vosdits moules.

Faut aussi avoir une seringue pour faire plusieurs sortes de massepains.

Des Salades qui se servent pendant les quatre saisons de l'année.

Au Printemps.

Petites laictuës.
Cresson à lanois.
Cerfeüil.
Corne de cerf.
Pinpernelle.
Trippe-madame.
Sdragon.
Baume.
Laictuës de Gennes.
Laictuës à coquilles.

Instruction & devoir

Laictuës pommées.
Pourpier.
Salade d'obelon.
Salade d'asperges.
Salade de raves.

En Esté.

Laictuës de chicon blanc.
Laictuës pommées de six sortes.
Concombre.
Pourpier.
Petites laictuës.
Cichorée Romaine frisée.
Cichorée sauvage.
Salade de citron.
Salade d'oranges.
Salade de grenade.

En Automne.

Cichorée blanche.
Cichorée sauvage.

En Hyver.

Cichorée blanche.
Cichorée sauvage.

du Chef d'Office.

Celery.
Perſil Macidoine.
Réponſes.
Doucettes.
Mache.
Paſſepierre.
Salade de capres au ſucre.

Des fruits propres à confire au ſucre au ſec.

Poires de muſcat d'Eſté ſont excellentes à confire au ſucre ſeches.
Poires à deux teſtes d'Eſté.
Poires de Certeau d'Hyver.
Poires de Rouſſelet d'Eſté.
Poires de Genet.
Pommes de Reinettes ſont auſſi tres-excellentes.
Ceriſes.
Ceriſes ſans noyaux.
Abricots.
Abricots verts à oreilles des plus nouveaux.
Prunes Imperiales.
Prunes dattes.
Prunes Perdrigon, & de toutes autres ſortes.
Groſeilles vertes.

Instruction & devoir
Oranges.
Citrons.
Poncilles.
Noix.
Verjus avec la queuë.
Figues.
Chair de Melon.
Pesches.

Des Pastes de fruits propres à Confire au sucre seches.

Paste de purs coins pour faire du ramage de Gennes.
Paste de toutes sortes de coins & de poires.
Paste de pommes, poires, pesches, & de tous autres fruits.
Paste de melon.
Paste de cerises.
Paste de groseilles & de framboises.
Paste de verjus.
Paste de raisins muscat.
Paste de citrons.

du Chef d'Office.

Des fruits propres pour faire des Confitures liquides au sucre.

Cerises.
Cerises aigres ou agriottes.
Framboises.
Groseilles.
Abricots verts & meurs.
Verjus.
Meures.
Prunes de Litte vertes.
Perdrigon.
Imperiales.
Dattes.
Et prunes de Damas.
Oranges.
Petits Citrons verts, & Citrons entiers.
Poncils.
Noix.
Pavies.
Pesches.
Amandes.
Culs d'artichaux.
Coins.
Poires de Muscat d'Esté, sont tres excellentes.

Instruction & devoir
Poires à deux testes, sont aussi tres-excellentes.
Poires cuisse-madame d'Esté.
Poires de Bergamotte d'Esté.
Poires de Certeau.
Poires de Rousselet d'Esté.
Pommes de Reinettes d'Hyver.
Pommes de Chastaignier.

Des fruits propres à mettre en compotte à demy sucre.

Poires de beurré d'Esté sont excellentes à mettre en compotte.
Poires de Livre d'Hyver sont excellentes cuittes à la cloche dans la braise, & en compotte à demy sucre.
Poires de Certeau d'Hyver sont aussi excelles en compotte.
Poires de Valence d'Esté, sont aussi tres-excellentes.
Pommes de Reinettes d'Hyver sont aussi excellentes en compotte.
Pommes de Calville d'Hyver, sont excellentes en compotte, & pour faire de la gelée.

du Chef d'Office.

Pommes de Chaſtaignier, ſont auſſi tres-excellentes.

Des Poires & Pommes excellentes à manger cruës, & propres à ſervir ſur table au deſſert.

Poires de Muſcat d'Eſté.
Poires à deux teſtes d'Eſté.
Poires de Conſtantinople d'Eſté & d'Hyver.
Poires de Bon-Chreſtien d'Eſté & d'Hyver.
Poires de Beurré d'Eſté.
Poire de Meſſire Jean d'Automne.
Poires Cuiſſe-madame.
Poires Deſidery d'Hyver.
Poires de Briette de Suiſſe.
Poires de Bergamotte d'Eſté & Hyver.
Poires d'Orange d'Eſté.
Poires de Valence.
Poires belliſſime d'Eſté.
Poires de Rouſſelet d'Eſté.
Poires de Vallée d'Eſté.
Poires d'Auphine d'Eſté.
Poires de Genet d'Eſté.
Pommes de Reinettes d'Hyver.
Pommes de Caville d'Hyver.

Instruction & devoir, &c.
Pommes de Courpendu d'Hyver.
Pommes d'apuy d'Esté qui sont de deux
　　sortes, rouges & blanches.
Pommes de Rambourre d'Esté.
Pomme de Paradis d'Esté.

FIN.

Par omission.

P

Prunes d'Elites vertes, comme Perdrigon Impe-
　　rial, Dattes, & de Damas liquides.　169
Poncils liquides.　　　　　　　　　　*là-mesme.*
Pesches liquides.　　　　　　　　　　173
Poires de Muscat liquides.　　　175. & 184
Poires de Rousselet liquides.　　175. & 183
Prunes vertes liquides.　　　　　　　　176
Pesches de Corbeil liquides.　　　　　184
Ponsif.　　　　　　　　　　　　　　235
Plissons de Poictou.　　　　　　　　216
Plissons communs.　　　　　　　　　217
Plissons de beurre.　　　　　　　　*là-mesme.*
Pour faire des tranches de jambon.　231
Pour blanchir groseilles en bouquets, & groseil-
　　feilles rouge.　　　　　　　　　　233
Populo.　　　　　　　　　　　　　　250

EXTRAIT DV PRIVILEGE du Roy.

Par Grace & Privilege du Roy, donné à Paris le 19. jour de Septembre 1675. Signé, par le Roy en son Conseil Denis. Il est permis à Jean-Baptiste Loyson, Marchand Libraire à Paris, en consideration de la perte qu'il a fait dans l'incendie arrivé au College de Montaigu, de faire imprimer ou reimprimer un Livre intitulé, *Traité pour faire toutes sortes de Confitures, & autres délicatesses de bouche*, avec tel augmentation qu'il jugera luy estre necessaire, & ce pendant le temps de vingt années ; à commencer du jour que ledit Traité sera achevé d'imprimer pour la premiere fois, en vertu des presentes ; durant lesquelles faisans tres-expresse inhibition & deffense à tous Imprimeurs & Libraires, & autres personnes de quelle qu'elles soient d'imprimer, faire imprimer, vendre ny debiter ledit livre d'autre Edition que celle de l'Exposant, ou de ceux qui auront droit de luy, à peine de six mille livres d'amandes, payables sans depost par chacun des contrevenans, de confiscation des Exemplaires contrefaits, & en tous les dépens, dommages & interests, ainsi qu'il est porté plus au long dans lesdites Lettres de Privilege.

Ledit Sieur LOYSON a cedé son droit de Privilege à

Regiſtré ſur le Livre de la Communauté des Imprimeurs & Libraires de Paris le 8. Juin 1677. ſuivant l'Arreſt du Parlement du 8. Avril 1653. Et celuy du Conſeil Privé du Roy du 27. Fevrier 1665.
      Signé D. THIERY, Syndic.

Achevé d'imprimer pour la premiere fois en vertu des Preſentes le 22. jour de Juillet 1689.

TRAITÉ

TRAITÉ DE CONFITURE, OU LE PARFAIT CONFITURIER;

QUI ENSEIGNE A BIEN

faire toutes sortes de Confitures tant seiches que liquides, au sucre, & sans sucre, & au Miel, de Compottes, de Fruits, de Sallades, de Dragées, Breuvages delicieux, & autres delicatesses de bouche.

AVERTISSEMENT au Lecteur.

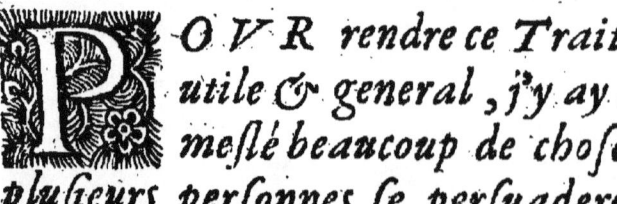

POUR rendre ce Traité plus utile & general, j'y ay entre-meslé beaucoup de choses que plusieurs personnes se persuaderont ne pas dépendre precisément du fait du Confiturier, comme les Compottes, les Salades, &c. mais je l'ay fait parce que quoy que ce soient choses assez ordinaires dans les maisons des particuliers, & que les Confituriers ne les debitent pas dans leurs boutiques, neantmoins elles se doivent preparer par le Sommelier de mesme que toutes sortes de Confitures. Outre qu'ayant dessein de servir le public, & de luy donner des instructions qui luy donnent la falicité de se fournir dans les rencontres & à peu de frais, de ce qui coûteroit beaucoup davantage, j'ay crû qu'il ne seroit pas hors de propos d'y inserer toutes ces choses. Que si l'on n'objette que tout y est confus, & qu'il y est traité tantost d'une matiere & tantost d'une autre que l'on reprend encore aprés: Ie répond, que c'est une plainte inutile, puis que nous avons préveu à cet inconvenient par le moyen d'une table alphabetique, qui enseigne en quelle page chaque matiere se peut trouver.

DE CONFITURE.

La maniere de bien faire la cuisson du sucre.

Or je vous diray que tous les jours les esprits se delectent à rechercher des raretez pour faire des Confitures seches & liquides au sucre. Les uns les font d'une sorte, & les autres d'une autre: Mais ce qui est le plus loüable, c'est que chacun tasche de les faire de mieux en mieux. Et par ce moyen on doit plûtost user de poesles & bassines de cuivre rouge, que de cuivre jaune.

L'on aura du charbon choisi afin qu'il ne puisse faire aucune fumée.

Les sucs ou jus des fruits se tirent les uns exprimant par une toille ou estamine blanche & nette, ou bien avec les mains, ou mesme par la presse pour en tirer entierement le jus ou suc. Mais faut notter que quand je parle d'une chopine d'eau, ou de suc, j'entend une livre, une pinte deux livres, & un demy septier demy livre.

Les cuilliers & spatulles doivent estre d'argent, ou de bois, & non de fer ny de cuivre.

Il faut choisir du sucre fin, & pour le bien connoistre il est de besoin qu'il soit fermé

& dur, sonnant comme du bois quand on frappe les pains les uns contre les autres, & neantmoins leger & fort doux, blanc & brillant comme de la neige, & ne se froissant pas aisément.

La meilleure Cassonnade doit estre bien blanche, bien seiche & fort douce, sans aucun mauvais goust & sans ordure: Elle n'est si fine ny si bonne que le sucre, quoy que ce soit d'une mesme nature, tant en sa bonté que qualité si elle n'est raffinée.

Est aussi à considerer que quand le sucre est beau & bien fin il n'est besoin de le clarifier, ains seulement quand il sera sale, & ce avec des blancs d'œufs, & les coquilles écrasées avec les mains que vous mettrez dans une bassine ou terrine que vous battrez fort avec des petites verges de bouleau liées ensemble, ou bien du jonc lié en forme d'un petit balay, pour y verser dessus peu à peu vos liqueurs froides ou tiedes, & les battez tres-bien ensemble avec ledit balay à mesure qu'on les versera, meslant le tout aprés que ledit sucre sera fondu.

Aprés cela vous mettrez vostre bassine où est le tout sur le feu ou fourneau qui sera mediocre, le remuant quelquefois avec ledit balay ou spatule; & lors que vous verrez l'écume sale surnager & s'élever à boüillons, il faudra tirer ladite baſſine de deſſus le feu, & eſtant un peu refroidy le paſſer par la chauſſe attachée à un quarré de bois, qui ſera poſé ſur une autre baſſine, ou autre vaiſſeau qui recevra la couleur.

Et voſtre ſucre eſtant paſſé, & s'il vous ſemble n'eſtre aſſez clarifié, il le faudra auſſi-toſt repaſſer dans ladite chauſſe chaudement une fois ou deux s'il en eſt de beſoin.

Que ſi ledit ſucre ou caſſons ſont aſſez beaux, on ne prendra la peine de les clarifier pour faire les ſirops, & ſeulement à la fin de leur cuitte, & eſtant hors du feu on oſte l'écume avec une cuilliere d'argent, ou cuilliere percée.

Vous notterez auſſi que pour clarifier le ſucre, ou caſſons, il faut mettre pour chaque livre de ſucre une livre d'eaüe, & un blanc d'œufs avec ſa coquille écraſée.

Comme ſemblablement ſera remarqué que les ſirops ſe font avec les ſucs clarifiez, comme celuy de ceriſes, de meures, de pommes & de coings, & ainſi ils ſe font avec le bon ſucre, ou bons caſſons; parce que ſi on le clarifioit derechef avec le ſucre, ils perdroient une grande partie de leur force, vertu & bonté; c'est à quoy il faut prendre garde.

Notez encores que pour faire les sirops de limons, de grenades, & autres qui se font avec le sucre cuit en consistance approchante pour faire tablettes de sucre rosat, il faut prendre du meilleur sucre; que si vous n'en pouvez trouver, il faudra clarifier celuy qu'on aura avec de l'eau & des blancs d'œufs, & puis le cuire en ladite consistance; & à la fin de la cuisson & hors du feu on ostera l'écume, ainsi qu'il est dit cy-dessus.

Et faut notter aussi que quand le sucre sera coulé il ne faut exprimer la chausse, ains seulement la laisser couler petit à petit, parce que vous rendriez toute vostre colature épaisse.

Les syrops des confitures doivent estre parfaitement cuits; ce qui se reconnoistra facilement en prenant un petit dudit syrop avec la cuilliere, & le posant sur une assiette estant refroidy, que s'il ne coule ny de costé ny d'autre demeurant ferme, dautant qu'il est meilleur que le syrop des confitures se candisse pour estre un peu plus cuit qu'il ne faut, qu'il se moisisse n'estant assez cuit.

Parce que le candy donne quelque saveur agreable aux pauvres malades qui réjoüit grandement leur langue, outre que quelques confitures se décuisent à cause de leur humidité superfluë, qui n'a pû estre du tout consommée par la cuisson.

Mais le moisi est inutile & desagreable, joint aussi que les confitures candies se peuvent décandir facilement en trois façons.

Il faut premierement arranger vos pots, & dessus on étend une serviette moüillée en eau fraische, & un peu tordüe, afin qu'il ne tombe point d'eau dedans, & l'y laisse-t'on jusques à ce que lesdites Confitures soient décandies.

Secondement, on les met deux ou trois jours en un lieu frais, comme en une cave, ou autre lieu frais.

Et tiercement en y jettant dessus un peu d'eau tiede; de cette sorte elles se décandissent promptement, mais elles ne sont de garde, parce qu'il les faut manger incontinant aprés.

Nottez aussi qu'en faisant & cuisant lesdites Confitures il les faut bien écumer.

Les pots dans lesquels vous mettrez vos Confitures doivent estre de verre, ou de fayance, ou de terre plombée, de grets, de

A iiij

boeſtes de ſapin, ou autres propres à tenir Confitures, & bien lavez & nettoyez auparavant que d'y mettre leſdites Confitures.

Et aprés que vous aurez mis vos Confitures dans vos pots, il faudra y mettre du ſyrop pour les couvrir & conſerver, & ne les point couvrir chaudes, ains les faut laiſſer refroidir vingt-quatre heures ; & de crainte qu'il ne tombe quelque ordure dedans, comme des mouches, & autres choſes, il ſera neceſſaire durant ledit temps de les couvrir d'un papier fort, ou parchemin, & aprés les ſerrer en un lieu propre pour en uſer au beſoin.

Nottez que pour faire la cuiſſon de voſtre ſucre, il faudra mettre un demy-ſeptier d'eau ſur une livre de ſucre.

Vous remarquerez encore qu'entre quelques Confituriers & Chefs de fruicterie & de ſommelerie, ils ont une certaine maniere de parler entre-eux, faiſant la cuiſſon dudit ſucre, ce que peu de perſonnes n'entendent pas ; en diſant faire cuire le ſucre à la premiere neige, à la plume en ſucre rozat, en ſucre à parler, en ſucre à liſſé, en ſyrop à lié, en ſyrop à moitié cuit, & en ſyrop candy. Mais tout cela eſt aisé à entendre, & lorsque vostre sucre est cuit de la sorte, vous y pouvez mettre vôtre fruit sans crainte dedans, ainsi que verrez par aprés.

Et pour vous faire entendre en un mot parfaitement ce que c'est que la cuisson du sucre à la premiere neige ou plume, c'est que quand avec vostre spatule de bois vous faites voler vostre sucre comme une plotte de neige.

A la plume, quand il s'éparpille avec ladite spatule comme de la plume mesme.

En sucre rosat, quand vous voyez que la fumée s'éleve de vostre sucre dans la bassine, ou poeslon, & qu'elle est fort petite, alors il est parfaitement cuit en consistance de sucre rosat.

En sucre à parlé, c'est quand vous voyez que vostre sucre fait des grosses perles rondes & élevées en sa cuisson.

En sucre à lissé, c'est qu'il faut que la cuisson soit mediocre.

En syrop à lié, il faut que vostre syrop cuise tant soit peu.

Syrop à moitié cuit se reconnoist quand il file.

Et le syrop candy se reconnoist par sa

cuisson, laquelle il est necessaire qu'elle soit bien faite.

Autre façon de cuire le sucre.

Prenez cent livres de cassonnade, & les mettez dans un grand bassin avec dix pintes d'eau : Remuez le tout ensemble, & le remettez sur du feu de charbon. En suite prenez une douzaine d'œufs bien frais, cassez-les sans en oster les blancs & les coquilles, & foüettez-les si long-temps avec un brin de boüillot, qu'ils viennent comme en escume. Lorsque vous verrez boüillir le sucre, meslez-y environ une chopine d'eau, & quelque quantité de ces œufs ainsi foüettez. Laissez le tout boüillir ensemble quelque temps, escumez-le, & continuez à y remettre de l'eau & des œufs. Enfin après l'avoir bien escumé, passez-le dans une chausse de drap, ou de serge, ou mesme dans quelque linge bien blanc & bien net, & vous trouverez que vostre syrop sera cuit à lisse, qui est la vraye cuisson pour le conserver.

On peut clarifier de mesme telle quantité de sucre ou de cassonnade que l'on voudra, en y meslant de l'eau & des œufs, à proportion de ladite quantité.

Les differentes cuissons de sucre.

Comme l'eau est toûjours necessaire dans les cuissons de sucre, & que l'on pourroit s'enquerir quelle quantité en seroit necessaire à telle quantité de sucre, je vous diray qu'un demy-septier d'eau suffit pour une livre de sucre. Que s'il y en a davantage, il faut qu'elle s'évapore à force de boüillir, afin que le sucre revienne toûjours à ses cuissons.

Cuisson de sucre à lisse.

La premiere cuisson du sucre s'appelle à lisse, & vous pourrez remarquer qu'elle est en cét estat, si prenant de vostre cuisson avec le grand doigt de la main, & le mettant sur le pouce, il ne coule point, mais y demeure rond comme un petit pois, car alors vous pouvez estre assuré que vôtre sucre est cuit à lisse.

Cuisson de sucre à perle.

Cette cuisson se reconnoist parfaite,

lors qu'en prenant avec le doigt & le mettant sur le pouce, puis entr'ouvrant les autres doigts il s'en forme un petit filet, lequel lors qu'il s'estend tant que l'on peut les ouvrir ; cette cuisson s'appelle à perle gros : & lors qu'elle s'estend moins, elle s'appelle à perle menu.

Cuisson de sucre à soufle.

Cette cuisson que l'on peut aussi appeller cuisson à rozar, se peut reconnoistre achevée, si l'on trempe une escumoire dans le sucre, & si soufflant au travers de ladite escumoire, il s'envole en l'air par feüilles seiches, car alors il est cuit, mais s'il coule encor, il ne l'est pas.

Vous pouvez aussi tremper une spatule dans vostre sucre, & si en la secoüant il s'envole en l'air, il est cuit.

Cuisson de sucre à casse.

Trempez vostre doigt dans de l'eau fraische, & le mettez dans le sucre boüillant, retirez-le, le mettez encor une fois dans de l'eau fraische ; s'il se casse alors & devient sec dans cette eau, il est cuit ; mais s'il gluë, & s'il se manie, il ne l'est pas.

Que si vous craignez de vous brûler le doigt, prenez un petit baston bien net, & faites la mesme experience avec ce baston que vous feriez avec le doigt, & vostre sucre sera cuit à casse.

LES CONFITURES A LA Compotte au sucre.

Compotte de poires en guise de coins rouges.

PRenez des poires & les pellez que couperez en quartiers, & puis prendre une livre de sucre & une chopine d'eau que ferez cuire dix ou douze boüillons, & aprés mettez vos poires par quartiers dedans vostre sucre, & comme elles seront à moitié cuittes mettez-y un peu de gros vin couvert pour les rougir, & puis les parachevez de faire cuire jusques à ce que vostre sirop soit en gelée, & aprés les oster de dessus le feu, & les mettre dans des pots de grets, ou de fayance, ou autre, pour vous en servir au besoin.

Compoſte de coins par quartiers meurs.

Prenez des gros coins meurs & les coupez en trois ou quatre quartiers ſuivant la groſſeur du fruit, & non pas tout-à-fait, mais que les quartiers ſe tiennent enſemble, comme s'ils eſtoient entiers, & les mettre dans une baſſine avec de l'eau nette ſur le feu, juſques à ce qu'ils commencent à boüillir, & lors qu'ils ſeront un peu tendres & mollets vous les oſterez de deſſus le feu, & puis les laiſſer un peu imbiber en l'eau ; & aprés les tirer & mettre rafraiſchir, & puis les peler & oſter les pepins, & aprés les confire comme des abricots, & puis les mettre dans un vaiſſeau bien net.

Compoſte de toutes ſortes de pommes par quartiers.

Prenez des pommes & les pelez, que couperez par moitié, ou par quartiers, ſuivant la groſſeur ; & ſi elles eſtoient petites vous ne les couperez point, ains vous les laiſſerez entieres, que ferez boüillir dans de l'eau dix ou douze boüillons, puis les tirer & les mettre égoutter, & aprés prendre du sucre avec un peu d'eau, que ferez cuire jusques à ce que vostre sucre se jette en conserve, & faut mettre autant pesant de sucre que de pommes, & puis jetter vos pommes dedans, que ferez boüillir promptement, & tant que vostre sirop soit parfaitement cuit; & si vous desirez les faire rouges, il les faut couvrir en cuisant, que ferez cuire à petit feu, & aprés les mettre dans un vaisseau, ou des pots de fayance bien nets.

Compotte de poires de cerceau.

Prenez des poires & les pelez, & les mettez dans de l'eau fraische, & en suite pour les blanchir faites boüillir de l'eau & les jettez dedans; & aprés qu'elles seront bien blanches vous les tirerez & mettrez égouter, & puis les mettrez dans un pot de terre vernissé, & pour un quarteron de poires mettez-y demy livre de sucre, & un peu de canelle, & les faire cuire à petit feu, & nottez qu'il ne faut pas qu'il y demeure du sirop que ce qu'il en sera de besoin.

Compotte de poires en guise de pommes.

Prenez des poires que pelerez & couperez en quatre, cinq ou six quartiers selon leur grosseur, & puis prendre du sucre & de l'eau que ferez boüillir dix ou douze boüillons, & aprés mettre vos poires dedans jusques à ce que vostre sirop soit cuit en perfection, & si vous voulez vous y pouvez mettre des petits bouquets de fenoüil.

Compotte de pommes de cablier entieres.

Prenez des pommes que pelerez & osterez les pepins par la queuë, puis prendre de l'eau & les faire boüillir dedans dix ou douze boüillons, & aprés les tirer & mettre égoutter, puis prendre du sucre & un peu d'eau que ferez cuire ainsi que dessus; & aprés jetter vos pommes dedans, & les couvrir & faire cuire à petit feu jusques à ce que vous voyez vostre sirop estre assez cuit, & les tirer toutes entieres, & les mettre dans des pots, & puis couvrir vos pommes dudit sirop bien proprement.

Compotte

DE CONFITURE. 17

Compotte de Citrons.

Prenez des citrons que pelerez & couperez par morceaux ou tranches, & auſſitoſt aprés les jetter en eau fraiſche, puis les faire boüillir juſques à ce qu'ils plient ſous le doigt, & aprés les mettre égoutter, puis prendre autant de pommes que de citrons pelées & hachées que ferez auſſi boüillir dans de l'eau, & aprés prendre leſdits citrons & pommes que vous paſſerez dans une ſerviette, & puis prendre ce qui en ſera ſorty, que mettrez dedans voſtre ſucre, qui aura boüilly dix ou douze boüillons avec un peu d'eau, & les oſter du feu, & leur laiſſer prendre le ſucre une heure ou deux, & aprés les faire parachever de cuire promptement, juſques à ce que voſtre ſirop ſoit cuit en perfection.

Il faut notter qu'il faut autant de ſucre que de citrons, & ſi vous deſirez garder ladite compotte, il eſt beſoin qu'elle ſoit bien cuite.

AUTRE MANIERE DE Compoties.

Compottes de pommes de Reinette.

PRenez des pommes de Reinette, pelez-les & les vuidez par dedans, ensuite coupez-les par quartiers, & les mettez dans de l'eau fraische. Prenez-en les pelures, & celles encore d'autres pommes que vous couperez aussi par petits quartiers, & ferez boüillir jusques à ce qu'elles soient bien cuittes. Passez-les ensuite dans un linge bien blanc, & prenez l'eau que vous en aurez tirée, & que l'on appelle ordinairement décoction : Mettez-là dans un poeslon de cuivre rouge bien net, & y mettez du meilleur sucre que vous pourrez, en telle quantité qu'il vous plaira, mais à proportion de vos quartiers de pommes que vous avez reservez pour faire vostre compotte. Faites le tout boüillir à grand feu, jusques à tant que vos pommes soient cuittes, les retournant quelquefois avec la cueilliere. Tirez-les ensuite & les laissez égouter sur le bord d'un plat, ou sur une serviette blanche :

aprés quoy vous les dresserez sur une assiette, vous acheverez de faire cuire vostre sirop à grand feu, & y mettrez encor un peu de sucre & de jus de citron. Laissez-le boüillir jusques à la cuisson que l'on appelle gelée, comme il est dit dans la cuisson du sucre. Estant ainsi accommodé & un peu refroidy, vous le dresserez sur les pommes & sur le bord de l'assiette.

Compotte de pommes de Calville.

Prenez des pommes de Calville, coupez-les par moitiez, ou par quartiers, & en ostez les pepins : tailladez-en la pelure, en sorte que la coupure n'en vienne pas jusqu'aux bords de la pomme : faites-les cuire dans de la décoction de pommes de Reinette : & achevez vostre Compotte comme la precedente, à la reserve qu'il ne faut point y mettre au commencement de jus de citron, ce que pourtant vous pourrez suppléer par un demy-septier de vin un peu couvert.

Compotte de tranches de citron.

Coupez vos citrons par tranches jusques au blanc : Oſtez-en les pepins, & faites tremper vos tranches dans de l'eau, juſques à ce que la chair en devienne un peu mollaſſe. Tirez-les, & les remettez dans de l'eau fraiſche. Prenez enſuite un peu de décoction de pommes de Reinette, & la faites cuire comme en la compotte de ces pommes de Reinette. Meſlez-y un peu de jus de citron, mais n'y mettez point vos tranches que vous ne les ayez bien fait égoutter, & que voſtre ſirop ne ſoit bien avancé de cuire, lequel toutefois ne doit pas eſtre tant cuit que celuy de pommes.

Compotte de chair de citron.

Faites une gelée de pommes, & la faites cuire : eſtant cuite, ayez un gros citron, pelez-le bien épais & proche du jus, coupez-le en long par la moitié, & faites pluſieurs tranches de chaque moitié, oſtez-en les grains, & jettez ces tranches dans voſtre gelée, faites boüillir le tout enſemble, tant que voſtre gelée ait encor ſa premiere cuiſſon. Tirez-la hors du feu, & la laiſſez froidir à moitié : chargez enfin une aſſiette de tranches de citron, & les couvrez de voſtre gelée.

Vous la pouvez faire auſſi de meſme que la precedente.

Compotte d'orange.

Elle ſe fait de meſme ſorte que celle de citron, excepté qu'il n'y faut point de décoction de pommes, & que ſon ſirop ne doit eſtre cuit qu'à perle.

Compotte de marons.

Prenez des plus beaux & des plus gros marons que vous pourrez trouver, faites-les cuire dans la braiſe: Eſtant cuits, pelez-les & les applatiſſez. Arrangez-les enſuite dans un plat bien proprement, & autant qu'il y en ait aſſez pour en couvrir honneſtement une aſſiette. Mettez deſſus du ſirop d'abricots ou de prunes, ou tel autre qu'il vous plaira: vous pouvez meſme prendre de la décoction de pommes, la faiſant un peu boüillir avec du ſucre, en ſorte qu'elle ſoit cuitte à perle, & l'eſtendre ſur vos marons : Cela fait vous les couvrirez & ferez boüillir à petit feu, y mettant de fois à autre du ſirop à meſure qu'ils boüillent, en ſorte qu'ils soient en estat d'estre servis chauds : Ce que quand il sera temps de faire, vous mettrez une assiette sur le plat où ils sont, & les renverserez promptement dessus de mesme façon que vous retourneriez un fromage, & les arroserez d'un peu de sirop.

Compotte d'espine-vinette.

Prenez de l'espine-vinette, ostez-en la queuë & les pepins : faites ensuite boüillir du sucre avec de l'eau : escumez-le, & le faites cuire presque à lisse : jettez dedans vostre espine-vinette, mais tenez-la toûjours couverte, & la faites boüillir jusques à ce que le sirop en soit cuit à perle.

Compotte de poires.

Faites boüillir vos poires à grande eau & à grand feu, jusques à ce qu'elles deviennent mollettes : Estant de la sorte, tirez-le, & les mettez dans de l'eau fraische pour les peler. Si elles sont trop grosses, fendez-les par quartiers, & en ostez le cœur. Faites-les cuire avec une livre de sucre & une chopine d'eau, jusques à ce que le sirop en soit cuit à perle, puis les tirez.

Autre façon.

Pelez vos poires, & les mettez dans un pot de terre, ou dans un poeslon de cuivre rouge. Mettez-y de l'eau, du sucre, & de la canelle ; Lors qu'elles seront à moitié cuites, versez-y un verre de gros vin rouge, & les tenez toûjours bien couvertes, dautant que cela les fait rougir. Donnez-leur environ autant de cuisson que vous en donneriez au sirop d'autres Confitures, mais qu'il soit en petite quantité.

Autre façon.

Faites cuire des poires dans la braise : estant cuites, pelez-les & les fendez par moitiez ou par quartiers selon leur grosseur, & en ostez le dedans. Mettez-les dans un poeslon avec du sucre, en un peu d'eau. Faites-les boüillir jusques à ce qu'il n'y paroisse plus de sirop, & qu'elles soient devenuës rousselettes : dressez-les, & mettez dessus le jus d'une ou deux oranges : mais souvenez-vous de souvent remuër la queuë du poiſlon, de crainte qu'elles ne brûlent.

Autre façon.

Vos poires eſtant cuites & diſpoſées comme en la derniere façon, faites un ſirop avec du ſucre, & un jus de citron, ou de l'eau de fleur d'orange, verſez vos poires dans ce ſirop, & leur donnez un boüillon, puis les mettez ſur une aſſiette.

Pommes à la Boüillonne.

Prenez des pommes de Reinette, & les coupez par quartiers, ou par moitié. Oſtez-en les cœurs, & les mettez dans un poeſlon avec du ſucre & beaucoup d'eau : Tournez-les ſur leurs pelures, & les laiſſez boüillir juſques à ce qu'il n'y ait plus de ſirop, & qu'elles ayent pris de la couleur un peu rouſſaſtre. Tirez-les ſur une aſſiette, en les retournant, comme vous feriez un fromage.

Compotte de coins.

Prenez des coins bien menus, & les en-
veloppez

veloppez dans du papier. Mouillez-les & les enterrez sous la cendre chaude & sous la braise. Lors qu'ils seront cuits, coupez-les par moitiez ou par quartiers ; ostez-en le cœur, & les mettez dans un poeslon. Faites-les boüillir & cuire avec de l'eau & du sucre jusques à ce que le sirop soit fait. Dressez-les, & les servez tout chauds.

Autre façon.

Faites cuire vos coins dans de la braise comme il est dit cy-devant. Pelez-les, & coupez-en le plus cuit par tranches. Mettez-les dans un plat avec du sucre en poudre & un peu d'eau de fleur d'orenge. Couvrez-les, & aprés les mettez sur un peu de cendre chaude : le sirop se fait tout seul.

Autre façon.

Prenez des coins, pelez-les & les coupez par quartiers; Ostez-en les cœurs, & les mettez à mesure dans de l'eau fraische. Prenez-en les pelures & les pepins, avec d'autres coins coupez aussi par quartiers ; faites-les bien boüillir & en

C

tirés de la décoction comme de pommes de Reinette : mettez-la dans un poêlon avec beaucoup de sucre & de l'eau. Jettez-y vos coins, & y mettez un peu de canelle. Couvrez-les & les faites cuire à petit feu. Taschez de leur faire prendre beaucoup de couleur, en sorte qu'ils deviennent bien rouges. Et lors que vostre sirop sera cuit à gelée, tirez-les & les dressez.

Fleurs d'orange liquides.

Ayez des fleurs d'orange bien espanoüies : épluchez les feüilles de leurs boutons, faites-les boüillir environ vingt boüillons dans de l'eau : tirez-les en suite, & les mettez dans de l'eau fraische. Mettez du sucre dans un poêlon, & le faites cuire à lisse ; faites égoutter vos fleurs d'orange & les jettez dans ce sucre, que vous ferez boüillir jusques à tant que le sirop en soit cuit à perle : aprés quoy vous les tirerez, & le dresserez.

Conserve de fleurs d'orange liquides, ou marmelade de fleurs d'orange.

Espluchez vos fleurs d'orange, & les

faites cuire à l'eau, comme les liquides, Faites-les égoutter, & en suite les pilez dans un mortier de marbre : Quand elles seront bien pilées, faites cuire du sucre à soufle, l'ayant tiré de dessus le feu, mettez-y vos fleurs d'orange ; & ne manquez pas de bien remuer le tout ensemble. Aprés quoy vous les tirerez & ferez refroidir; Estant froides, vous les mettrez dans un pot, que vous couvrirez soigneusement. Si vous estes en peine de la quantité de sucre qu'il y faut mettre, je vous donne avis qu'à chaque livre de fleurs d'orange, il en faut deux livres.

Marmelade de pommes.

Prenez dix ou douze pommes, pelez-les & les coupez à mesure jusques au troignon, puis les mettez dans de l'eau claire. Mettez en suite vos pommes & l'eau dans laquelle elles trempent dans un poeslon avec une demy livre de sucre, ou moins si vous voulez : faites-les cuire, & lors qu'elles cuiront, écrasez-les de peur qu'elles ne brûlent, & lors qu'il n'y aura presque plus d'eau, passez le tout par le tamis. Reprenez ce que vous aurez paſſé & le remettez dans le meſme poeſlon avec la rapeure d'un demy citron ou orange trempée auparavant environ un demy-quart d'heure dans un peu d'eau chaude, & paſſée dans un linge, afin d'en oſter, ou du moins d'en corriger l'amertume : mais en cuiſant, remuez toûjours de peur que voſtre marmelade ne brûle, & apprenez qu'elle ſera cuitte, lors que vous la verrez comme en gelée, & qu'elle fera moins paroiſtre d'humidité. Enfin quand elle aura toute ſa cuiſſon neceſſaire, tirez-la de deſſus le feu, & l'étendez avec un couſteau de l'épaiſſeur de deux teſtons.

Salades pour les quatre ſaiſons de l'année.

Salade de chicorée.

Cherchez de la plus belle & de la plus blanche chicorée que vous pourrez trouver : Eſpluchez-la ſoigneuſement, lavez-la dans de l'eau, & la ſecoüez fortement. Dreſſez-la en ſuite ſur une aſſiette, en telle forme que l'on ſe pourra imaginer, haute ou plate, des feüilles en-

tieres ou coupées: Mais que ce soit en-
sorte qu'il reste beaucoup des bords de
l'assiette, pour y mettre la garniture, qui
donne à la salade & l'apparence & l'or-
nement. En Hyver, par exemple, vous
la pouvez garnir de bettraves cuites découpées en plusieurs façons, de tranches
de citron façonnées ou non façonnées;
de capres, de grenades, ou de feüilles
de la mesme chicorée hachées bien menu, & mesme de toutes ces choses mé-
lées ensemble. Dans le Printemps &
autres saisons, de fleurs entieres ou coupez, bien mélangez de toutes sortes de
couleurs; mais pour bien faire, il faut
que chaque salade soit garnie de ce qui
luy est le plus propre.

Salade de chicorée cuite.

Prenez des plantes de chicorée la plus
blanche que vous pourrez trouver: Coupez-en les bouts de devers les racines, &
en ostez les feüilles vertes ou gastées:
Mettez ces plantes boüillir dans de l'eau
avec un peu de sel; lors qu'elles seront
cuites, remettez-les dans de l'eau fraîche, pour après les en avoir tirez, les

faire secher proprement sur une serviette blanche, plante à plante. Estant bien seiches, coupez-les par moitiez ou par quartiers, que vous estendrez par longueur sur une assiette, laquelle vous garnirez bien proprement de betteraves, ou de citrons, ou de grenades, ou de fleurs bien diversifiez, comme il est dit en l'article precedent.

Salade de chicorée sauvage verte.

Prenez des feüilles de chicorée sauvage verte, coupez-les bien menuës, & les mettez tremper environ deux heures dans de l'eau fraische, que vous changerez trois ou quatre fois. Secoüez-les fortement en suite, & les dressez sur une assiette garnie de quelque chose de rouge ou de blanc.

Salade de chicorée sauvage blanche.

Il faut avoir de belle chicorée sauvage & bien blanche : la bien laver & égoutter : la dresser en suite de sa longueur ou de sa hauteur sur une assiette garnie de quelque chose de rouge ou de vert. Elle se peut auſſi ſervir avec le vinaigre & le ſucre.

Salade couronnée.

Prenez un gros ballotin ou ponſire bien long : Coupez-le par les deux bouts, comme pour en faire des roüelles. Puis aprés levez-en l'eſcorce bien unie, & juſques au blanc avec un grand couſteau : levez auſſi en ſuite la chair de voſtre ballotin, environ l'épaiſſeur d'un écu blanc, & ſouvenez-vous de la tourner juſques au cœur comme liſſe, en la coupant, & de la jetter dans de l'eau fraiſche. Ce qu'eſtant fait, vous eſtendrez une ſerviette bien blanche ſur une table auſſi bien unie : & ſur la ſerviette vous eſtallerez cette chair de ballotin, doucement & adroitement, en ſorte que vous la puiſſiez couper en toutes ſortes de figures, qui puiſſent ſervir à en faire des couronnes, par le moyen des ſies d'acier, qui la découperont à jour. Mais remarquez qu'il faut commencer cette découpure bien delicatement par le bas de la couronne, pour ſuivre par le milieu, & achever par le faiſte.

Or parce qu'il y a pluſieurs ſortes de

couronnes, il faut remarquer que si c'en est une Royale, il faut que toutes les extremitez du haut soient toutes découpées à jour, en forme de fleurs de Lys.

Si c'en est une de Prince, il faut que le faiste soit une fleur de Lys & deux trefles, suivis d'une autre fleur de Lys & de deux autres trefles, & continuer ainsi jusques à la fin.

Remarquez aussi en passant que quelque couronne que ce soit, vous la pouvez faire si grande & si petite qu'il vous plaira.

Si d'ailleurs c'est une Couronne Ducalle, il faut que le haut en soit tout de trefles.

Si c'en est une de Marquis, il faut que son faiste soit d'un trefle & de trois perles rondes, suivies d'un autre trefle & de trois autres perles rondes, & continuer ainsi jusques à la fin.

Si c'en est une de Comte, il faut que le haut soit tout de perles rondes.

L'on peut y ajoûter quelque piece des Armes de la personne pour laquelle on la fait : Comme par exemple, si c'est pour Monsieur de Guise, l'on peut inferer entre les trefles & parmy la découpure, des Croix de Lorraine : Si c'est pour Monsieur le Mareschal de la Maillerez, l'on peut mettre un Croissant au faiste de la Couronne, & ainsi des autres.

Et lorsque vostre Couronne sera toute coupée & vuidée, mettez-la dans de l'eau fraische, prenez de gros citrons que vous couperez par les deux bouts, & dont vous leverez l'escorce jusques au blanc. Coupez-les en suite par leur rondeur & hauteur, environ de l'espaisseur d'un escu blanc ; & les jettez de mesme dans de l'eau fraische. Ce qu'ayant fait, vous les découperez de telle façon que vous pourrez, mais de longueur, comme pour faire une demie Couronne, & les remettez à mesure dans de l'eau. Mais remarquez qu'il en faut environ huit pour faire le tour de la grande Couronne.

Prenez aussi des oranges, lesquels en levant délicatement l'escorce, vous mettrez à mesure dans de l'eau, & couperez en demy couronnes, de mesme façon que les citrons : & faites-en quinze qui suffiront pour faire le tour des bords de l'assiette.

Il vous faut de plus toutes sortes de

bonnes herbes que vous couperez par le menu, & dont vous dresserez une couche sur une assiette à grands bords, environ de quatre doigts. Vous pouvez vous servir de bettraves cuites pour faire cette garniture.

Aprés tout cela, faites égouter vostre grande Couronne, dressez-la dessus au milieu de l'assiette, de telle rondeur qu'il vous plaira, & la garnissez par dedans de toutes sortes d'herbes à salade: Rapez en suite de l'escorce de citron bien verte, faites-en comme un rocher, que vous mettrez au dessus des herbes, en sorte qu'il surpasse tant soit peu son faiste, sans oublier de le garnir de grains de grenades bien rouge.

Tirez de dedans de l'eau vos petites Couronnes, faites-les égoutter & les dressez autour de la grande, mais élevez-les un peu sur des herbes ou de la betrave: garnissez-les au dedans de bonnes herbes, & mettez au dessus de chacune, qui doit estre encore garny de grains de grenade, un petit rocher de citron rappé: Enfin arrangez les petites Couronnes de chair de citron, & les garnissez dedans & dehors de pistaches, de grains de grenade, & d'amendes douces. Cette salade couronnée se sert avec de l'eau de fleur d'orange & le sucre rappé.

Salade de persil Macedoine.

Prenez du persil Macedoine, choisissez-en les cotons où tiennent les feüilles, à cinq doigts desquelles vous les couperez ; & fendrez en quatre, six ou huit quartiers à un pouce prés desdites feüilles : Mettez-les dans de l'eau fraische, lavez-les & les secoüez. Dressez-les dessus une assiette que vous garnirez de citron, de grenade, ou de leurs cottons & feüilles hachez bien menu. Cette salade se sert avec l'huile d'olive, le vinaigre, le sel & le poivre blanc.

Salade d'apuy cuit.

Prenez des cottons d'apuy bien blancs: ratissez-les comme des raves, & coupez-les en longueur environ de six doigts : liez-les par petites bottes, & les faites cuire dans de l'eau avec un peu de sel. Lors qu'ils seront cuite, tirez-les & les égoutez : faites-les en suite seicher entre deux serviettes : estant secs, dressez-les sur une assiette que vous garnirez de citron, de grenade, & de bettraves cuites.

Salades de racines d'apuy.

Prenez les cœurs de ces racines : coupez-les bien proprement en deux ou en quatre : Mettez-les dans de l'eau fraische ; tirez-les & les dressez sur une assiette garnie de citron ou de bettraves cuites : Cette salade se sert ordinairement avec le sel & le poivre blanc.

Salade de sellery crû.

Elle se fait de mesme que celle d'apuy.

Salade de sellery cuit.

Elle se fait & se sert aussi de mesme que la precedente d'apuy cuit.

Salade de racine de sellery.

Elle se fait & se sert pareillement de mesme que celle de racine d'apuy.

Salade de citron.

Prenez des plus beaux citrons, doux ou aigres: Pelez-les jusques au blanc; coupez-les par tranches, & les dressez sur une assiette.

Salade de bettraves.

Prenez des bettraves, faites-les cuire dans la braise, coupez-les par tranches, & les dressez sur une assiette; que vous garnirez de serfeüil & de capres.

Salade d'escorce de citron.

Ayez de belle escorce de citron confite & bien verte; rapez-la dans un plat, & la lavez en suite doucement & adroitement avec des fourchettes; faites-en de petits rochers, ou quelque autre jolie façon, que vous servirez sur une assiette garnie de pistaches, de grains de grenade, & d'amende douces, pelées & coupées bien menu. Cette salade se sert avec l'eau de fleur d'orange, & un peu de sucre rapé.

Salade d'amandes douces.

Il faut avoir de belles amandes douces, les peler, & les mettre dans de l'eau fraîche, en suite les faire secher & les couper par morceaux. Garnissez cette salade de grains de grenade, de pistaches, de tranches de citron : & la servez avec l'eau de fleurs d'orange, & le sucre rapé.

Salade de pistaches.

Ayez des pistaches nouvelles, pelez-les avec de l'eau chaude, & les mettez en suite dans de l'eau fraîche ; Egoutez-les & hachez bien menu : puis les dressez sur une assiette que vous garnirez d'escorce de citron, & de grains de grenade.

Salade de concombres vinaigrez.

Prenez des concombres confits au vinaigre, pelez-les & les coupez par tranches ou par roüelles, que vous arrangerez bien proprement sur une assiette garnie de passe-pierre & pourpier vinaigrez, sans oublier des bettraves.

De Confiture.

Salade d'anchois.

Prenez de bons anchois, lavez-les [da]ns plusieurs eaux ou dans du vin, jus[q]ues à ce qu'ils rendent l'eau ou le vin [t]out clair. Mettez-les sur une serviette, [&] les faites bien secher; ostez-en la teste, [la] queuë, & l'areste, fendez-les par la [m]oitié, & les coupez encor en deux, arangez-les bien proprement sur une as[s]iette, & les garnissez de persil, de sibouettes, ou de sivettes, de tranches de ci[t]ron, ou de bettraves. Mettez en suite [da]ns un plat de l'huile vierge, un peu de [p]oivre blanc, le jus d'un ou de deux citrons, mélez bien le tout ensemble avec [u]ne cueilliere ou un cousteau, & le ver[se]z sur vos anchois.

Autre façon.

Accommodez vos anchois de la mesme façon qu'en la precedente salade, & prenez des rosties de pain, longues & lar[g]es environ comme le doigt: arrangez[l]es sur une assiette, & mettez dessus vos [a]nchois garnis [de] capres, & mesme de pareille garniture, que la salade precedente.

Salade de petites laituës.

Prenez un maniveau de petites laittuës, coupez-en les pieds, & en épluchez soigneusement les ordures, lavez-les bien proprement, & aprés les avoir secoüez, dressez-les sur une assiette en telle façon qu'il vous plaira, & la garnissez de tranches de citron & de grenade.

Salade de pourpier.

Il faut avoir du pourpier dans sa premiere nouveauté; le bien éplucher, laver & secoüer. Il faut en suite le dresser sur une assiette, & le garnir de tranches de citron & de grenade, ou mesme de toutes sortes d'herbes.

Salade de laituës & pourpier.

Prenez du pourpier le plus nouveau que vous pourrez, & aprés l'avoir épluché, lavé & secoüé, mettez-le sur le rond d'une assiette, autour de laquelle vous mettrez des laittuës accommodées proprement,

proprement, & garnissez le tout de cerfeuille, & de fleurs hachées menu.

Salade de santé.

Prenez toutes sortes d'herbes propres à la salade, comme petites laittuës, pourpier tendre, cresson lanois, trippe-madame, passe-pierre, corne de cerf; baume, siboullettes, sivette, jettons de rosier, jettons de fenoüil, &c. épluchez-les bien, lavez-les & secoüez toutes ensemble, mélez-les, & les dressez sur une assiette sans aucune garniture.

Salade de Brocolis.

Prenez des brocolis, c'est à dire, des rejettons de choux bien tendres, ostez-en les premieres feüilles & la petite peau : faites-les cuire dans de l'eau avec un peu de sel. Estans cuits, tirez-les & les dressez sur une assiette comme des asperges : mais n'oubliez pas d'y mettre du poivre blanc.

Salade de réponse.

Prenez des réponses bien tendres ;

épluchez & ratiffez-les comme des raves, lavez-les bien & les fecoüez; dreffez-les fur une affiette, & les garniffez de menuës herbes & de fleurs.

Salade de réponfe cuite.

Ratiffez-les & les lavez comme les autres, faites-les cuire dans de l'eau avec un peu de fel: Eftant cuittes, faites-les égouter, & les dreffez proprement fur une affiette, que vous garnirez de tranches de citron ou de fleurs.

Salade de laituës de Gennes.

Prenez des laituës de Gennes les plus tendres que vous pourrez, lavez-les & les fecoüez; coupez-les en quatre, & les dreffez bien proprement fur une affiette, le milieu & les bords de laquelle vous garnirez de pourpier.

Salade de laituës communes.

Il vous les faut accommoder comme celles dont il a efté parlé cy-devant: mais il faut garnir le milieu de l'affiette de

DE CONFITURE. 43
toutes sortes d'herbes, & les bords de
fleurs de differentes couleurs.

Salade de laituës Romaines.

Prenez-en des chicons les plus blancs
& les plus tendres que vous pourrez
trouver, lavez-les & les secoüez comme
il faut : dreſſez-les par quartiers ou en
feüilles, droits ou plats, & garniſſez
voſtre ſalade de ſerfeüil & de fleurs.

Salade de cardons de chicons.

Prenez des chicons, qui ſont les gros
cottons des laituës Romaines, oſtez-en
les feüilles, pelez-les, & les fendez par
quartiers : mettez-les dans l'eau, & les
dreſſez ſur une aſſiette en guiſe d'aſper-
ges. Parſemez-les par endroits de ſel
blanc, & de poivre blanc.

Salade de concombres.

Prenez des concombres raiſonnable-
ment menus & bien tendres, pelez-les
proprement & les coupez par ruelles
qui ne ſoient point trop épaiſſes ny trop

D ij

minces; ostez-en les pepins, ou si vous voulez la graine; Mettez-les dans un plat avec fort peu de sel blanc: laissez-les environ demy-heure jetter leur eau, faites-les en suite bien égouter, & les remettez dans un autre plat avec du vinaigre & un oignon coupé en quatre, ou des siboulettes: laissez-les bien mortifier, & encore une fois égouter, aprés tout dressez-les sur une assiette, que vous garnirez de fleurs de differentes couleurs.

Raves, Figues, Meures, Beurre.

Ces quatre sortes se trouvent ordinairement avec les salades d'entrées.

DES CONFITURES AU SEL
& vinaigre tres-excellentes pour manger en salades au temps d'Hyver, & en tout autre.

Pour confire du pourpier.

PRenez du pourpier avant qu'il soit en graine, sçavoir les tiges les plus tendres, plus touffuës, & pleines de feüilles, desquelles vous osterez les racines, puis vous les laverez tres-bien, afin de leur oster le sable ou terre qui pourroit estre au tour ; Et aprés laissez-les secher jusques à ce qu'elles commencent à flétrir ; & puis mettez-les dans un vaisseau de terre vernissé bien agencés, chacune couverte de sel à discretion ; Et lors que vostre vaisseau sera plein, jettés par dessus suffisante quantité de bon vinaigre, & aprés mettés vostre vaisseau en quelque lieu sec, de crainte que la confiture ne sente le moisi, & ayés soin que vostre pourpier se baigne toûjours dans sa sauce : Et quand vous en voudrés manger, lavés-le avec eau tiede ou vin, puis faites-en salades avec de bonne huile d'olive.

Pour faire des Confitures de Concombres & petits Melons.

Et de cette mesme sorte & à mesme usage vous pouvés accommoder des concombres & petits melons que vous prendrés verds, tendres, & tous entiers, sans tailler ny peler ; car autrement s'ils estoient durs, ils ne peuvent de rien servir ; lesquels seront mis dans le vinaigre, duquel vous les retirerez sans aucun déchet, se conservant entiers avec leur verdeur; mais ils se chargent bien tant de sel, que pour les manger en salade il les faut faire dessaler dans de l'eau.

Pour confire des laituës pommées & choux cabus.

Les laituës pommées & choux cabus se conservent aussi blancs & fermes dans le vinaigre ; mais faut oster les feüilles vertes, ne restant rien que les pommes blanches & dures. Celles des choux seront mises en quartiers ; & pour les laitues on les partira par la moitié, estant grosse & non petite ; & par ce moyen le vinaigre les conservera & tiendra en vigueur.

La passe-pierre & fenoüil par bouquets se confisent de mesme sorte que le pourpier.

Pour confire des capres au vinaigre & sel.

Les capres sont aussi plus délicieuses en cette sorte avec le vinaigre & sel qu'avec le seul sel, parce que le vinaigre les empesche de se saler par trop, comme elles font d'ordinaire, qu'on est contraint pour les manger de les tremper dans de l'eau quelque temps pour les dessaler, lesquelles perdent une partie de leur substance & bonté, pour n'estre par aprés si appetissans que les Confitures au vinaigre, pour estre de goust agreable.

Et si vous voulez confire des capres, il les faut cueillir à mesure qu'elles croissent, estant meilleures petites que grosses, que vous mettrez dedans un vaisseau de verre ou de terre vitré, dans lequel sera mis du fort bon vinaigre avec quelques poignées de sel, & puis vous jetterez vos capres, venant fraischement d'estre cueillies, sans les laver ; & continuant de jour à autre tant que desirerez en confire, & aprés vous mettrez vostre vaisseau en lieu sec, & non au soleil, bien bouché, afin qu'elles se conservent en leur bonté longuement.

Mais il faut notter qu'il les faut visiter au bout de quatre ou cinq jours, afin que s'il se trouvoit au dessus du vinaigre quelque noircisseure, vous l'osterez avec une cuilliere d'argent, & puis vous mettrez dans le vinaigre une poignée de sel ; & ainsi les visiter souvent, & y mettre le remede requis, comme cy-dessus est dit.

Pour confire des capres au sel seulement.

Prenez des capres à mesure qu'elles se forment & laissent manier, lesquelles vous mettrez dans un vaisseau de bois ou de terre, tel qu'on voudra, avec abondance de sel menu sans aucune humidité, sans attendre leur maturité, & qu'elles se cueillent, elles se conservent longuement, demeurant seiches, estant facile après de les transporter, sans avoir crainte de répandre la liqueur.

Pour confire des Olives au sel.

Prenez des olives vertes cueillies, & non meures, les plus grosses & plus charnües, & incontinant les jetter dans un baril, ou autre vaisseau de large ouverture, avec du vin, afin d'oster l'amertume des olives, & les laisser tremper quelques jours, & puis boucher bien vostre baril ; & après prenés vos olives,

leur

leur donnant à chacune quelque taillade, afin que le sel puisse penetrer dedans, & puis les mettre dans des pots de verre, ou de terre vitré, avec force sel menu, mettant les olives & le sel lit sur lit avec du fenoüil parmy ; & aprés vous versez de l'eau fraische par dessus tant que vostre vaisseau soit remply, lequel vous couvrirez bien, afin qu'elles se puissent conserver ; & cinq ou six mois aprés elles seront tres-bonnes à manger ; & de cette façon elles se maintiendront deux années.

Il y a plusieurs personnes qui ne les coupent, & qui les confisent entieres, lesquels font mieux que ceux qui les coupent, parce que les olives en sont plus grosses que celles qui ont esté ouvertes, leur substance sortant par là, & diminuent grandement devenant ridées : Mais aussi les entieres sont de plus longue preparation, ne se pouvant confire pour n'estre bonnes à manger que dans un an aprés, afin de donner temps au sel de penetrer avant.

E

Pour confire des Olives en vingt-quatre heures.

Si vous voulez plus briefvement sçavoir confire en vingt-quatre heures des olives, faisant ainsi que dessus, & estans taillées, salées, & fournies de fenoüil dans un vaisseau de terre vernissé, on verse de l'eau toute boüillante dessus qui fera penetrer le sel si avant que les olives en seront tres-bien confites, & dans vos vingt-quatre heures.

Autre façon pour confire des Olives vertes.

Prenez des olives vertes & non meures, que ferez tremper dans de la saumeure ou eau salée, les faisant tremper jusques à ce qu'elles auront laissé leur amertume, & aprés toûjours tenir dans la saumure vos olives confites, sans les jamais souffrir au sec, y adjoûtant de la saumure à mesure qu'elle se diminuera, afin qu'elles trempent continuellement; & prendre bien garde de mettre la main dans la saumure, ny qu'il y touche aucun

DE CONFITURE.

...étail, de crainte de la corrompre.

Mais faut notter que pour toutes Con-
...tures au sel, il n'y faut mettre la main,
...ins les faudra tirer avec une cuilliere
...e bois.

Nota, que les Sommeliers qui ont
les olives en barils doivent prendre gar-
...e que les olives trempent dans leur saumeure; & s'il en manquoit, en faudra
...vec du sel & de l'eau, sçavoir sur une
...inte d'eau y mettre une once de sel, &
...mettre la saumeure froide dans vostre
baril, & qu'elle surpasse vos olives, afin
qu'elles se conservent en leur vigueur,
dautant qu'elles deviennent noires à fau-
tes qu'elles ne trempent en leur saumeure.

Pour faire excellent vinaigre.

Lors que la vigne sera en fleurs en la
plus grande chaleur du jour, vous prendrez une grande feüille de papier blanc,
la mettrez sous le sep, & fraperez de la
...ain le sep pour faire tomber la fleur
dessus, & en ayant deux poignées les
...ettrez en une bouteille de verre tenant
...rois pintes, l'emplirez de bon vinaigre

E ij

blanc, la mettrez, estant bien bouchée, au Soleil par l'espace d'un mois.

Celuy de Sur se fait de mesme, qui est aussi excellent.

Pour celuy d'ails.

Vous prendrez une teste d'ail, & la déferez par costes, les éplucherez & mettrez en une pareille bouteille plaine de vinaigre clair, avec une poignée de sel, deux douzaines de grains de poivre, une douzaine de clouds de girofle, la boucherez & mettrez au soleil.

Vinaigre de framboises.

Vous éplucherez une plattée de framboises & les mettrez en pareille bouteille plaine de bon vinaigre clairet, & la fermerez comme dessus.

Pour le Vinaigre de roses.

Vous emplirez une bouteille de roses, & la mettrez deux ou trois jours au soleil, puis l'emplirez de bon vinaigre clairet, la boucherez, & mettrez un mois au soleil.

Les vinaigres de roses des hayes, œillets, & autres fleurs se font de mesme.

Pour faire du sel blanc.

Il faut faire boüillir trois demy-septiers [d']eau, & mettre un litron de sel commun dans un pot, verser de l'eau boüillante dessus, & le remuërez jusques à ce [q]u'il soit rassis, oster l'eau claire de des[su]s, en sorte que le sable demeure au [fo]nd, puis faire boüillir l'eau claire, de [p]eur qu'il ne jaunisse; Quand il vient à [se] faire il faut remuer avec une cuilliere l'entour des bords.

P*OUR FAIRE DES PASTES*
des fruits seiches.

Ramage de paste de Gennes de purs Coins.

[P]renez des coins les plus jaunes que vous piquerez tout au travers de la [t]este, puis vous les mettrez dedans de [l']eau dessus le feu, que ferez boüillir [d]eux boüillons, & quand ils seront un [p]eu mollets sous les doigts vous les mettrez égoutter dessus un clayon, & aprés qu'ils seront froids vous les pelerez, & puis vous les raperez bien proprement & les mettrez au sucre, & faut notter que sur une livre de paste il y conviendra mettre quatorze onces de sucre, & aprés faire cuire vostre sucre en sucre rosat bien fort, puis vous jetterez vostre paste dedans, que vous remuërez une douzaine de tour avec vostre spatulle dessus le feu, & aprés ostez-là de dessus le feu & la mettez dedans des moules, & puis la tirez bien proprement & la mettez à l'estuve seicher.

Paste de toutes sortes de Coins & de Poires.

Prenez des coins & les mettez dans un bassin avec de l'eau fraische que mettrez sur le feu, que ferez cuire, & en faire de mesme des poires; mais il faut qu'elles soient grosses, parce que les petites ne sont si bonnes, lesquelles vous pelerez & mettrez dans un plat, & aprés prendre une grande rappe, qui ne soit trop épaisse ny trop claire, & de la paste qui sortira des coins pour une livre il faut une livre & demy de sucre ; & pour toutes les autres pastes il ne faut qu'une livre de sucre en poudre, & du plus blanc, & le méler avec une livre de paste que ferez cuire, & en cuisant la remuer avec une cuilliere ou spatule ; & pour sçavoir quand vostre paste sera cuite vous en prendrez sur une assiette, & si elle ne s'attache point aux doigts elle est cuite, laquelle vous tirerez au mesme instant de dessus le feu, & puis vous les remuerez un peu, & aprés les fermerez dedans des boëtes.

Nota, que vous en pourez mettre en forme de macaron, ou de telle autre façon que desirerez, & aprés vous ferez seicher vostre paste.

Paste rouge contrefaite seiche.

Prenez de la cochenile & d'alun que pilerez tres-fort chacun à part, & puis la passerez tres-déliée par un tamis, & aprés prendre du verjus, & méler le tout ensemble, & vostre couleur sera faite.

Puis vous prendrez des pommes que pellerez & vuiderez de leurs pepins &

taches, & aprés prendre de l'eau que ferez boüillir deſſus le feu, & lors qu'elle boüillira vous jetterez vos pommes dedans, que ferez boüillir ſix boüillons, & quand elles ſeront molles vous les oſterez de deſſus le feu & les mettrez égoutter, & puis vous les paſſerez dans une paſſoire bien nette, & aprés vous les mettrez au ſucre, & faut mettre autant de ſucre que de paſte de pommes, puis faire cuire voſtre ſucre en conſerve de roſes, dans lequel vous jetterez vôtre paſte, laquelle vous remuerez juſques à ce qu'elle vienne à boüillir, & lors qu'elle boüillira vous la décendrez de deſſus le feu, puis vous la tirerez toute chaude, & uis vous la mettrez à l'eſtuve pour ſeicher.

Paſtes de Pommes, Peſches, Poires, & de tous autres fruits, ſeiches.

Prenez tel fruit que vous voudrez que vous pelerez, & puis prendrez la chair qu'il n'y demeure aucune taches, & qu'elle ſoit bien nette, & puis la faire cuire dans de l'eau, & puis eſtant cuitte vous la paſſerez dans une eſtamine, &

DE CONFITURE. 57

en faire sortir toute l'eau fort claire, &
aprés prendre autant de sucre que de
paste, & faire ainsi que dit est.

Cerises contrefaites seiches.

Prenez des pommes & les pelez, &
puis les jettez dans de l'eau boüillante,
& les faites cuire tant qu'elles soient en
marmelade, & aprés les mettre égouter
& les passer dans une estamine, puis vous
faites cuire du sucre en sucre rosat bien
fort, & aprés vous mettez vostre paste
dedans vostre sucre; & nottez qu'il faut
autant de sucre que de paste, & puis la
faire cuire tant qu'il en sera de besoin.

Paste de Melon seiche.

Prenez une livre de chair de melon,
& une demie livre de bon sucre fin, &
puis mettre avec vostre sucre quelque
eau de santeur, & aprés faire cuire vôtre sucre & sucre rosat, & puis mettre
vostre melon bien haché dans vostre
poeslon, que vous remuërez toûjours
jusques à ce qu'ils soient bien cuits, ainsi
que les autres pastes cy-devant dites.

Paste de Cerises seiche.

Prenez des cerises & ostez les queuës & noyaux, & puis prendre autant de sucre que de cerises, & mettre vostre sucre dans un poeslon que ferez cuire à moitié, & aprés jettez vos cerises dedans, que ferez boüillir promptement jusques à ce que vostre sirop fasse la gelée sur l'assiette, & au mesme instant mettre égoutrer vos cerises, & puis les prendre & les piler dans dans un mortier de marbre que mettrez en paste, & aprés prendre du sucre passé par un tamy, duquel en saupoudrerez vostre paste de cerises, & puis la manier tres-bien à la main, & aprés la mettre sur une table poudrée de sucre & l'estendre avec le rouleau, & puis la couper ainsi que desirerez, & aprés la faire seicher sur des ardoises au soleil, ou dans des estuves.

La paste de groseilles & de framboises se fait de mesme sorte.

Paste de Verjus seiche.

Prenez du verjus & le fendez en deux,

DE CONFITURE.

& oſtez les pepins de dedans, & puis les mettre dans de l'eau fraiſche, & aprés prendre autant de ſucre que de verjus, puis faire boüillir de l'eau & jetter vôtre verjus dedans juſques à ce qu'il ſoit blanchy, & aprés les tirer de deſſus le feu, & puis le couvrir d'une ſerviette qui trempe dans de l'eau, & qui poſe ſur le verjus, que laiſſerez tremper un jour & une nuit, aprés vous prendrez du ſucre que ferez cuire à demy, & puis vous mettrez égouter voſtre verjus, & en meſme temps le jetter dans le ſucre, & aprés le couvrir & le faire boüillir au meſme inſtant juſques à ce que voſtre ſirop ſoit en gelée, & enſuite le tirer promptement pour le faire égouter, & aprés faire voſtre paſte comme celle des ceriſes.

Paſte de raiſins muſcat ſeiche.

Prenez du raiſin muſcat meure & en oſtez les pepins & la queuë, puis le mettre dans une vaiſſelle, & aprés prendre du ſucre que vous ferez cuire juſques à ce que vous voyez qu'il ſe jette en conſerve, & puis mettre voſtre muſcat dedans que ferez boüillir promptement, & voir à la cuiſſon de voſtre ſirop que s'il fait la gelée ſur l'aſſiette vous le tirerez au meſme inſtant & le mettrez dans des pots bien nets.

Paſte de Citrons.

Prenez du ſucre en poudre bien tamiſé avec deux blancs d'œufs que mettrez dans le mortier, puis bien battre le tout enſemble, & mettre parmy de la rapleure de citrons, & battant le tout enſemble tant que tout ſoit en paſte bien épaiſſe, & puis en faire des petites boules groſſes comme une petite noix, que mettrez ſur du papier avec du ſucre en poudre, & puis les bien arranger les unes contre les autres, en ſorte qu'elles ne ſe touchent point, & aprés les mettre au four comme le maſſepin.

Paſte de poires de Rouſſelet.

Prenez des poires de Rouſſelet fort tendres, les peler & oſter tout le cœur, aprés faire boüillir de l'eau, & lors qu'elle bout on jette les poires dedans: On met pour une livre de sucre deux livres & demy de poires, on les fait boüillir dans ladite eau tant qu'elles soient cuites comme celle des coins. Quand les poires sont à moitié cuites on prend deux ou trois pommes de rembour que l'on jette dans la mesme poesle des poires, & elles achevent de cuire avec les poires, parce que les pommes cuisent plus promptement que les poires ; que ces trois pommes soient sans les peler, & pardessus les deux livres & demy, & recroistre de mesme à mesure que vous en ferez davantage, pour la dresser & seicher comme celle de coins.

Pour la paste de pommes on la cuit de mesme que celle des poires, horsmis que l'on ne met que deux livres de fruit à la livre de sucre, les pommes soient de carpendus ; plus elles sont vieilles, plus elles sont bonnes, & la seicher & dresser comme celle de poires, & pour toutes les pastes ne les retournez jamais que froides, vous les romperiez toutes en les maniant.

Pour celles d'abricots, de groseilles & de verjus ne les mettez jamais dans vos étuves ny au soleil depuis qu'elles sont retournées, mais les laissez seulement dans un lieu chaud dessus des clayons avec du papier ; elles seicheront toûjours assez pourvû que ce ne soit point un lieu humide.

Memoire pour faire les Confitures seiches.

Premierement pour faire la paste de cerises, il faut prendre six livres de cerises, oster les noyaux, les mettre dans une poesle sur le feu, prendre de la mesme eau qui sera sortie des cerises, & les mettre boüillir sur le feu en les écachant toûjours avec une grosse cuilliere de bois, & les remuer toûjours en les écachant tant qu'elles soient toutes desseichées, sans estre brûlées, puis on les met dans une terrine bien nette : On prend une livre de sucre que l'on fait cuire un peu plus cuit que du sucre rosar, puis le retirer de dessus le feu, & on remet le sucre cuit sur les cerises qui sont dans la terrine ; on remuë le tout ensemble, & les laisser refroidir, que l'on dresse par aprés sur des ardoises ou fer blanc, & les mettre dans une étuve douce, ou un soleil moins ardent, afin qu'elles seiches doucement, sans discontinuation de chaleur, puis quand on voit qu'elles commencent à seicher les retourner de l'autre costé. On peut mettre à la livre de sucre cinq livres de cerises sans noyaux : Que l'on ne s'étonne pas si elles ne seichent si-tost, parce qu'elle est fort difficile.

Paste de Groseilles rouge seiche.

Il faut prendre des groseilles & les passer par un sas une quantité : aprés cela si on la veut framboisée on peut mettre un tiers de framboises & les passer avec lesdites groseilles, en mettre environ pour la livre de sucre il faut bien deux quartes de jus : On le met sur le feu toûjours, le remuant crainte qu'il ne s'attache à la poesle ; & quand on veut voir la cuite il faut que cela soit fort épaissi, & que l'on voye que cela quitte la poesle ; & quand on voit cela on le jette dans une terrine bien nette le sucre du plus beau que l'on prendra deux livres, & bien battu, bien menu, & passer par un sas, puis mettre le sucre en poudre avec le marc de groseilles qui fera cuit, & le bien remuer ensemble dans la terrine sans le plus remettre sur le feu, le laisser refroidir dans la mesme terrine, & la dresser comme la premiere; & l'on y peut goûter si elle est comme on la veut, sçavoir, si elle est trop sucrée, on y peut ajoûter du sucre battu selon le goust des personnes, plus sucrée, ou plus douce : quand elle est dressée on la peut mettre une demy journée au soleil, ou s'il ne fait soleil dans l'estuve demy journée: On la peut mettre aussi dans une chambre seulement bien chaude, & la retourner trois jours aprés sur du papier, & elle seiche tout doucement : depuis qu'elle est retournée il ne la faut plus remettre au soleil, ny aux étuves, mais la laisser en lieu chaud.

Petites Cerises seiches.

Prenez huit livres de cerises, ostez les noyaux, & les mettez sur le feu boüillir avec une petite goutte du mesme jus, & une livre de sucre par morceaux ; faire boüillir le tout ensemble sept ou huit gros boüillons, puis les jetter sur un clayon égouter, puis les dresser sur des
ardoises

DE CONFITURE.

ardoises ou fer blanc, & les faire seicher comme dessus, en les changeant seulement plus souvent d'ardoises, & les mettre toûjours au soleil ou étuves tant qu'elles soient seiches.

Paste d'Abricots.

Prenez des abricots fort beaux & mous, les peler, & mettre trois livres dans une poesle bien nette sans eau, & les écacher avant que mettre sur le feu avec une cuilliere de bois, & les faire cuire sur le feu les remuant & écachant sans discontinuer tant que l'on voye à peu prés qu'ils quittent la poesle ; puis aprés l'on tiendra une livre de sucre tout prest battu & passé, & l'on mettra ledit marc d'abricots dans une terrine bien nette & remuer le tout ensemble hors du feu, & la laisser refroidir jusques au lendemain, qu'il la faut dresser sur des ardoises ou fer blanc, & mettre seicher au soleil ou étuve douce trois ou quatre jours ; puis il la faut laisser refroidir pour la retourner sur du papier blanc, & la laisser seicher doucement dans un lieu chaud sans plus la remettre au soleil ou étuves.

F

Gros Abricots secs.

Prenez de fort beaux abricots & guere meurs, les peler & oster les noyaux sans les rompre: Il faut prendre pour la livre de sucre cinq quarterons d'abricots, que ledit sucre soit du plus beau. L'on en peut faire pour deux ou trois livres à la fois ; on peut prendre le sucre & le mettre dans la poeslle, pour la livre une chopine d'eau, & le faire cuire comme à moitié, & jetter les abricots pelez dedans, & les faire cuire bien doucement : quand on voit qu'ils sont un peu cuits les retourner de l'autre costé doucement, afin qu'ils cuisent autant d'un costé que d'autre, & que le boüillon ne passe pas par dessus en cuisant. Aprés que l'on verra que les abricots seront à peu prés cuits on les décend de dessus le feu, puis les tirer bien doucement sans les rompre, & les arranger dans une terrine bien nette, & puis le sirop dans quoy les abricots ont cuits on le remettra sur le feu boüillir cinq ou six bons boüillons, & puis arroser de ce sirop les abricots qui trempent dans la terrine, puis les couvrir & les laisser tremper jusques au lendemain qu'il faut les retirer du sirop & les mettre égouter sur quelque clayon, puis reprendre du sucre tout neuf: Si on en a fait deux livres à la fois on peut prendre cinq quarterons de sucre pour les deux livres d'abricots pour le second sirop, & le faire cuire en consistance comme si vous vouliez faire des Confitures liquides, & mettre bien doucement les abricots dedans sur le feu, & les faire boüillir dans ledit sucre nouveau cinq ou six petits boüillons, & les retourner comme à la premiere fois, puis les retirer de dessus le feu & les laisser tremper jusques au lendemain, puis les retirer du sirop & les mettre égouter, & les ranger sur des ardoises ou fer blanc, les seicher dans les étuves ou au soleil, les changeant toujours d'ardoises ou fer blanc bien nets tant qu'ils soient secs, que la chaleur ne discontinuë point.

De petits Abricots.

Prenez quantité de petits abricots, il n'importe qu'ils soient si beaux pourvû qu'ils ne soient trop mous, les peler & prendre du sucre environ trois livres sur deux ou trois cens d'abricots, le faire cuire en consistance comme à moitié, puis jetter lesdits abricots dedans, & les faire boüillir trois ou quatre boüillons, puis les jetter dans une terrine tremper jusques au lendemain; après les mettre égouter & les faire seicher comme les petites cerises.

Prunes seiches Imperiales, ou Perdrigons.

Prenez des prunes qui ne soient ny trop vertes ny trop meures, mais d'une bonne façon : Il faut prendre la moitié d'une bonne poesle d'eau & des prunes, pour le cent deux livres & demy de sucre ; quand l'eau bout on jette les prunes dedans, & avant les jetter dans l'eau il leur faut faire un petit cran au costé de la prune, de crainte qu'elle ne se creve dans l'eau : Tout aussi-tost que l'eau commence à boüillir, lesdites prunes estant dedans, il les faut retirer & les mettre dans de l'eau froide pour les rafermir, & prendre pour le cent deux livres & demy de sucre & le faire cuire à moitié,

DE CONFITURE. 69
& jetter les prunes dedans, ayant esté retirées de l'eau froide & égoutées auparavant, & les prunes dedans l'eau les laisser cuire bien doucement dedans leur sirop; & quand on voit à peu prés qu'elles commencent à s'amolir on les retire, & on les met dans une terrine tremper dans leur sirop jusqu'au lendemain qu'on les retire dudit sirop, & on remet le mesme sirop sur le feu, puis on les jette dedans: Quand le sirop a boüilly jusques à estre presque cuit, on jette lesdites prunes dedans pour la seconde fois, & on ne les fait rien que faire fremir, puis on les remet tremper dans une terrine comme à la premiere fois jusqu'au lendemain qu'il les faut mettre égouter & les ranger sur un fer blanc ou ardoise dans des étuves continuellement, & non au soleil, & les rechanger souvent d'ardoises jusques à ce qu'elles soient toutes seiches.

Paste de Pesches.

Prenez des pesches vertes de couleur & meures, les peler, en prendre deux livres & demy pour la livre de sucre, & les écacher comme la paste d'abricots sans eau, & la cuire sur le feu tout de mesme que celle d'abricots, battre le sucre à la mesme façon seulement, pour deux livres & demy de fruit deux livres de sucre: Pour la faire plus délicate & plus belle il faut passer les pesches par un sas & la laisser refroidir jusqu'au lendemain comme les autres, & ne la dresser que froide: Il faut qu'elle soit toûjours à la chaleur des étuves, & non à celle du soleil.

Paste de Coins.

Prenez des coins bien jaune & les peler, & bien oster tout le cœur, prendre de l'eau bien claire, la faire boüillir ; & quand elle bout jetter les coins dedans, & qu'ils boüillent à grande eau : Quand ils sont bien cuits on les tire de l'eau, on les presse dans un linge bien blanc, puis on les met dans une terrine bien nette avec le sucre battu, & on les remuë tres-bien & dresse le lendemain comme les autres pastès dans les étuves, sans reserve de chaleur, tant qu'elle soit seiche, & la retourner sur des ardoises : quand elle sera seiche d'un costé la retourner de l'autre.

Paste de Verjus.

Prenez du verjus fort dur & vert de couleur, égrenez seulement la grappe, & en prenez une quantité, & aprés qu'il est égrené, que l'eau bout, jettez le verjus dedans : Quand il commence à se cuire & se vouloir crever les jetter sur un sas égouter ; puis quand il est égouté, sans attendre qu'il soit froid, le passer au travers d'un sas bien gros, & passer le tout autant que l'on pourra, qu'il n'y demeure que la coquë & le pepin. Il faudra prendre aussi huit ou dix pommes de rembours sur une quantité de verjus, les faire cuire & les passer avec le verjus; le tout estant passé, il faut mettre tout ce mar dans la poesle sur le feu, le faire cuire en le remuant toûjours sans discontinuer, tant que l'on voye qu'il commence à quitter la poesle ; & quand il commence à verdir, & plus il l'est plus il se cuit, puis le verser dans une terrine, & y mettre le sucre battu dans le mar aussi-tost qu'il est retiré de la poesle; l'on n'y met le sucre qu'à mesure que l'on y taste, & selon que l'on le veut doux ou plus aigre. On la dreſſe le lendemain ſur des ardoiſes ou fer blanc, & on la fait ſeicher ſans ſoleil, mais dans les étuves bien doucement, ſans diſcontinuation de chaleur, mais fort douce, parce que cette paſte eſt fort délicate.

Paſte de fleurs d'oranges.

Il faut l'éplucher, puis la faire boüillir juſques à ce qu'elle s'écraſe facilement ſous les doigts, puis la piler dans un mortier juſques à ce qu'elle ſoit comme en paſte, mettre le ſucre en poudre: Il faut une livre & demy de ſucre à chacune livre de fleurs, mêler le tout enſemble, & les faire boüillir deux ou trois boüillons, puis la mettre ſur des ais à ſeicher à petit feu.

AUTRE FAÇON DE PASTES *de toutes ſortes de fruits.*

Paſte de Ceriſes.

PRenez les plus belles, les plus groſſes & les plus meures que vous pourrez trouver, oſtez-en la queuë & le noyau,

noyau, faites-les un peu boüillir avec de l'eau, mais en fort petite quantité : faites-les en suite égouter dans une passoire de cuivre ou de terre, qui soit percée fort dru & à petits trous : mettez dessous un plat qui recevra ce qui sortira de la passoire à mesure que vous pilerez & remuerez vos cerises. Passez le tout, & l'ayant passé, mettez-le dans un poeslon ou bassin bien net, & le faites secher à petit feu, le remuant toûjours avec la spatule, & au fonds & autour, crainte qu'il ne brûle, jusques à ce que vous vous apperceviez que vos cerises commencent à secher, ce que vous connoistrez lors qu'elles ne tiendront plus au poeslon. Mettez-y en suite une demie livre ou trois quarterons de sucre en poudre, & meslez le tout ensemble, aprés quoy vous étendrez vostre paste ainsi faite sur des ardoises en telles formes que vous voudrez, & les ferez secher à l'estuve, comme les Confitures seches.

Autre façon.

Prenez des cerises : aprés les avoir fait boüillir dans l'eau, passez-les dans un tamis, & sur une pinte de riz de cerises, mettez quatre onces de riz de pommes; que vous ferez cuire & passerez de mesme: broüillez le tout ensemble, faites-le secher, & apprestez comme cy-dessus.

Paste de groseilles rouges.

Espluchez-les soigneusement de leurs ordures, & en faites la paste comme celle de cerises.

Paste de framboises.

Prenez des framboises bien meures, ostez-en la queuë, & les passez dans un tamis de crin le plus délié que vous pourrez trouver, & faites vostre paste comme celle de cerises.

Pasté d'abricots.

Prenez des abricots bien meurs, pelez-les & en ostez les noyaux. Faites-les un peu boüillir dans de l'eau, & en suite égouter. Passez-les en suite dans un tamis de crin, & faites vostre paste comme celle de cerises.

DE CONFITURE. 75

Autre façon.

Mettez vos abricots & bien meurs & bien pelez, comme nous avons dit dans un poeſlon & ſur le feu, mais ſans eau, & remuez-les ſouvent avec une écumoire juſques à ce qu'ils ſoient liez. Cela fait, oſtez-les de deſſus le feu, & les mettez avec autant de ſucre cuit, comme vous avez de paſte.

Paſte de Peſches.

Prenez des peſches qui ne ſoient pas extrémement menuës, pelez-les & en oſtez les noyaux, faites-les boüillir dans de l'eau à petit feu, juſques à ce qu'elles commencent à devenir comme vertes : faites-les en ſuite refroidir dans leur eau, eſtant froides tirez-les & les faites égouter, aprés quoy vous les paſſerez, & en ferez voſtre paſte comme celle de ceriſes.

Paſte de Verjus.

Prenez du verjus à confire, oſtez-en les pepins, & les faites verdir à l'eau

G ij

comme les pesches : achevez en suite vôtre paste de la mesme façon que la precedente.

Paste de Coins.

Prenez des coins bien meurs, pelez-les, & en ostez les cœurs & les pierres; faites-les cuire dans de l'eau, puis achevez voſtre paste comme la premiere façon de cerises.

Autre façon.

Vos coins estant cuits, comme il est dit, passez-les par un gros tamis, aprés cela, faites-les secher dans un poeſlon ſur le feu. Cela fait, meslez-les avec du sucre, donnez-leur encore cinq ou six tours ſur le feu, pourveu qu'ils ne boüillent point, & les dreſſez à moitié froids.

Paste de Pommes.

Prenez des pommes de Reinette, pelez-les, en oſtez les cœurs, faites-les cuire dans de l'eau, estant cuites mettez-les dans de l'eau fraiſche : faites-les en suite égouter, & les passez dans un tamis de crin, puis les faites secher sur le feu dans un poeslon, & les tournez toûjours au fonds & au long du poeslon avec la spatule. Lors qu'elles commenceront à quitter le fonds, ostez-les de dessus le feu, & y mettez demy livre ou trois quarterons de sucre: meslez bien le tout ensemble, puis le dressez sur des ardoises, & le faites secher à l'estuve comme des confitures seches.

Paste contrefaites.

Pour contrefaire toutes sortes de pastes, il faut prendre de la marmelade de pommes de Reinette, passée de mesme que pour faire de la paste de pommes.

Paste de Cerises contrefaites.

Prenez de la marmelade de pommes, mettez-là dans un poeslon, & la faites secher de mesme que si vous vouliez faire de la paste de pommes: mais au lieu de sucre mettez sur une livre de marmelade environ trois quarterons de sirop, dans lequel on aura confit des cerises seches. Faites-là en suite encore une fois secher jusques à ce qu'elle ne tienne plus au fonds du poeflon, & la dreffez fur des ardoifes en forme de cerifes, en y mettant des queuës, ou comme de la pafte auffi de cerifes, ou en-telle autre forme qu'il vous plaira : fait auffi fecher le tout à l'eftuve, comme les autres paftes cy-devant.

Remarquez que toutes fortes d'autres fruicts se peuvent contrefaire de mefme façon par le moyen du firop du fruit que l'on voudra contrefaire, adjoûtant à chaque forte les queuës qui luy font propres, & les couleurs ainfi qu'elles enfuivent.

Pour faire autres paftes legeres.

Prenez un blanc d'œuf, battez-le bien avec un peu d'eau de fleurs d'orange, & les délayez avec un peu de piftaches, ou d'amandes. Maniez-le tres-bien avec un peu de fucre en poudre, & y mettez un peu de mufc. Faites cuire voftre appareil dans une tourtiere avec un peu de cendre chaude, tant deffus que deffous.

Couleurs pour les paſtes contrefaites, leſquelles peuvent ſervir aux Conſerves.

Couleur rouge.

PRenez de la cochenille, de l'alun & du chryſtal mineral, autant de l'un que de l'autre, pilez le tout dans un mortier de fonte juſques à ce qu'il ſoit bien en poudre. Eſtant en cét eſtat, délayez-le avec un peu de verjus & le paſſez en ſuite dans un linge blanc: prenez le jus qui en ſera paſſé & en meſlez parmy voſtre marmelade en meſme temps que vous y mettez le ſucre ou le ſirop: Mais prenez garde d'y en mettre à proportion de la couleur que vous deſirerez, paſle ou vive.

Autre façon.

Prenez du ſinabre, broyez-le dans un mortier avec un peu d'eſprit de vin, juſques à ce qu'il ſoit délayé comme il faut, dreſſez-le en ſuite par petites boules ſur du papier, faites-les ſecher & les mettez en poudre. La couleur est fort vive.

Couleur verte.

Prenez de la poirée bien verte, ostez-en les cardes, ou si vous voulez les costes, & en retenez seulement les feüilles, que vous laverez & ferez égoutter: pilez-les en suite dans un mortier & en tirez le jus. Mettez-le dans un poeslon ou dans un plat, & le faites boüillir un petit boüillon, aprés qu'il aura assez boulu, jettez-le sur un tamis ou sur une serviette, & prenez ce qui restera sur ce tamis, ou sur cette serviette, pour donner cette couleur, à ce qu'il vous plaira.

Couleur jaune.

Dans le temps que les lys sont fleuris, prenez les petits brins jaunes qui se trouvent dans cette fleur: faites-les bien secher, & lors que vous en aurez affaire, mettez-les en poudre.

Toutes ces couleurs peuvent servir aux pastes communes, aux pastes de fruicts, aux pastes de sucre, aux biscuits, aux conserves, aux laittages, & à toutes sortes de beurres.

Pastes de fleurs.

Paste de Violete.

PRenez une livre de marmelade de pommes, passée par le tamis de crin, & quatre onces de violette bien épluchée, pilez vostre violette dans un mortier de marbre, estant pilée, meslez-la avec vôtre marmelade, & faites secher le tout dans un poeslon, meslez-y du sucre, la dressez, & la faites aussi secher à l'estuve, comme les autres pastes.

Paste de fleurs d'Orange.

Prenez de mesme qu'à la paste precedente, une livre de marmelade de pommes, passée au tamis de crin, & demy livre de fleurs d'orange bien épluchée, cuite & pilée comme celle de la conserve liquide, meslez-là avec vostre marmelade : faites secher le tout sur le feu, sucrez-le, & le dressez, puis le faites aussi secher à l'estuve comme les autres pastes.

Paste de Gennes.

Prenez des coins bien meurs, ostez-en la mousse avec un linge: faites-les bien cuire à grande eau, & lors qu'ils seront cuits, remettez-les dans de l'eau fraîche. Pelez-les ensuite & en choisissez les plus cuits, qui n'ayent ny pierre ny rougeur, passez-les au tamis de crin, & faites cuire du sucre à souffle: estant cuit, jettez vos coins dedans, délayez le tout ensemble, & le mettez refroidir dans une terrine.

Lors que vostre paste sera froide dressez-la proprement sur des feüilles de fer blanc ou sur des ardoises, ou mesme dans des moules aussi de fer blanc faits exprés qui peuvent representer un Dauphin, une Sirene, un vase plein de fleurs, des feüilles de chesne, ou telle autre chose que l'on se peut imaginer: estant tirée du dedans du moule, faites-la bien polir & ramager selon la forme que vous luy aurez donnez; & l'ayant fait secher à l'estuve, servez-la comme les autres pastes.

Lors que vous en aurez affaire, faites-la dorer avec des feüilles d'or, aux endroits que vous jugerez à propos.

DE CONFITURE. 83

Remarquez qu'il faut pour bien faire cette paste, environ trois quarterons de sucre sur une livre de coins.

Des Pastes de sucre de diverses façons.

Pour faire de la paste de sucre en façon de ruban d'Angleterre, de diverses couleurs.

PRenez pour trois sols de gomme adragan que mettrez tremper dans un verre d'eau de fleurs d'orange, ou d'eau rose, ou eauë commune deux jours, puis passer vostre eauë dans un linge bien blanc, & aprés prendre du sucre en poudre & vostre couleur, & l'estendre sur la table avec vostre sucre.

Et pour en faire de blanche faut y mettre du jus de citron à proportion de ce que desirez faire de paste, puis la bien pétrir comme si vous vouliez faire du pain, en la soupoudrant de poudre de sucre, & aprés l'estendre sur une table avec un rouleau, & puis bien soupoudrer vos moulles d'abesses de ladite poudre de sucre, & aprés étendre vostre paste dedans vos moules, & puis la couper tout au tour du bord bien uny; & aprés la laisser secher éloignée du feu, ou du soleil; & de cette paste vous en pouvez faire des Mascadins, y adjoûtant un grain ou deux de musc, & le laisser sur du papier blanc avec un peu de sucre ; puis le bien pétrir avec un morceau de cette paste ; & aprés l'estendre sur une table, & la couper de telle sorte que desirerez faire vos Muscadins, & puis faire vos pastes de couleurs differentes, en prendre en sec, & en mettre en couleur de mesme sorte que le citron.

Et de cette mesme paste vous en pouvez faire des abesses de glasse, & puis prendre vos pastes de differentes couleurs, chacune à part soy ; & aprés les mettre l'une sur l'autre ainsi que jugerez à propos que la couleur se porte. Et quand elles seront l'une sur l'autre vous les coucherez de costé, & les étendrez avec le rouleau fort délié, & prendre garde de ne la couper avec vos moules comme vous voudriez : Et si vous les voulez glacer, vous les glacerez comme le massepin : Et si vous en voulez faire des galands en façon de ruban

DE CONFITURE. 85
d'Angleterre, vous la couperez de la longueur & largeur d'un ruban ; & ainsi vous la ferez à voſtre fantaisie de telle couleur que vous voudrez.

Et faut notter que les couleurs ſe font en cette maniere ; comme par exemple, la bleuë ſe fait avec de l'eau d'ange, le rouge avec du jus de citron, le vert avec des queuës de poireaux, & le jaune avec du ſafran ; & puis mettre toutes vos couleurs dans des eaües de ſenteurs, & aprés pétrir voſtre paſte de ſucre avec la couleur que deſirerez faire par morceaux, que vous applatirez avec le rouleau ; puis vous la couperez de la largeur d'un ruban d'Angleterre ; & aprés prendre trois ou quatre baſtons auſſi gros qu'un rouleau, puis tourner voſtre ruban au tour d'iceluy, & aprés vous le glacerez & mettrez deux fourchettes de fer dans voſtre fourneau, & ſuſpendrez vos baſtons afin de bien faire cuire vos rubans ; & ainſi il faut avoir des glaces de pluſieurs & diverſes couleurs.

Pour faire de la paſte de ſucre en forme de jambon.

Prenez trois livres de bon ſucre, le

casser & mettre dans le poeslon arrosé d'eau, & le faire cuire tant qu'il tourne en conserve (& pour ce faire faut tenir vos couleurs prestes) comme la rose de grenade ; la violette de Mars, le jus d'un citron, de la pistache, ou du jus de poirée, & puis le battre dans un mortier jusques à ce qu'il soit en paste ; & aprés que vostre sucre sera en conserve vuidez-le dans la bassine où seront vos couleurs ; en suite remuer toûjours avec la gache, & puis vous le tirerez en paste, que vous incorporerez les unes sur les autres, ainsi que vous verrez de qu'elle couleur est un jambon ; & aprés qu'elles sont appropriées vous les couperez par tranches si grosses ou déliées que vous voudrez, & prendre garde de les couper de travers.

Pour faire de la paste de sucre en forme de tranche de jambon.

Prenez des pistaches battuës avec des roses de Provins & amandes aussi battuës, & puis prendre un poeslon, & mettre du sucre selon que jugerez en estre de besoin, que ferez cuire en conserve,

& aprés avec voſtre ſpatule le blanchir ; & faut notter qu'il eſt neceſſaire d'avoir trois poeſlons, & puis partir voſtre ſucre en trois parties dans chaque poeſlon, que vous mettrez ſur un petit feu ; & aprés bien délayer voſtre fruict avec le ſucre, & puis en prendre avec la ſpatule un morceau de tous trois, & les mettre les unes ſur les autres : & aprés les couper par tranches & les dreſſer pour les ſervir ainſi que deſſus.

Pour faire de la paſte de jaſmin.

Prenez un quarteron de fleurs de jaſmin que vous éplucherez, puis faites boüillir de l'eau, & lors qu'elle boüillira vous jetterez vos fleurs de jaſmin dedans, leſquelles vous ferez boüillir juſques à ce qu'elles ſoient bien cuites ; puis vous les tirerez & pilerez tres-bien dans un mortier ; & aprés prendre une livre de ſucre que ferez cuire en ſucre roſat, & incontinant aprés vous jetterez voſtre paſte dedans, laquelle vous ferez cuire dix ou douze boüillons.

Mais faut notter que cette paſte ne peut ſervir que pour faire une Tourte de fruit.

TRAITÉ

Pour faire de la paste de Neige.

Prenez de la poudre de sucre avec de la gomme à dragan à proportion, puis piler le tout ensemble, y adjoûtant de l'eau de fleurs d'orange, & aprés faire vostre abesse de l'épaisseur de deux testons.

Pour faire de la paste legere.

Prenez un blanc d'œuf & le battez avec un peu d'eau de fleurs d'orange, que délayerez avec un peu de pistaches, ou d'amandes, telle que vous desirerez, & puis manier tres-bien vostre paste avec du sucre en poudre, y adjoûtant un grain ou deux de musc; & apré faites-la cuire dans une Tourtiere.

Pour faire des Muscadins.

Prenez de la poudre de sucre avec une couleur telle que desirerez, & un peu de gomme à dragan, avec un ou deux grains de musc, puis piler le tout ensemble; & aprés les faire secher devant le feu, ou au soleil.

Pour

Pour contrefaire des fraises de paste de Massepin.

Prenez de la paste de massepin, puis en faites de petites boulettes de la grosseur d'une fraise que vous roulerez dans vos mains ; & aprés prendre du jus d'épinevinette, ou de groseilles rouges, & mettre vos petites boullettes dedans en forme de fraise, que ferez secher dans une vaisselle sur un réchaud : & quand elles seront seches vous les remettrez dans ledit jus par trois ou quatre fois, les faisant toûjours secher ainsi que dit est.

Paste de sucre, que l'on nomme ordinairement Biscuits de sucre.

Biscuits communs.

PRenez huit œufs ou environ, cassez-les & en mettez les blancs & les jaunes dans une terrine ou bassin : battez-les pendant demy heure avec une spatule de bois : mettez-y une livre de sucre ou de cassonnade bien poudrée : meslez bien le tout enſemble & y adjoûtez une livre de bonne farine, que vous meſlerez auſſi encore & battrez bien enſemble pendant demy heure : adjoûtez-y environ deux pinſées d'anis en poudre, laiſſez le tout repoſer quelque temps, & dreſſez en ſuite voſtre paſte dans des quaiſſes ou dans des moules de fer blanc ou de papier: meſlez-y un peu de ſucre en poudre pour faire la glace : & enfin mettez vos biſcuits enfermez dans leurs quaiſſes ou moules dans un four chaud, en ſorte qu'on y puiſſe ſouffrir la main, ou dans un four de cuivre rouge, qui ait du charbon allumé deſſus & deſſous : mais un peu davantage deſſus que deſſous. Laiſſez les en cet eſtat juſques à ce qu'ils ſoient bien levez & ayent pris leur couleur rouſſelette. Eſtans cuits, levez-les avec la pointe du coûteau & les mettez en lieu chaud pour les achever de ſécher.

Biſcuit de fleurs d'Orange.

Prenez des œufs bien frais, dont vous tirerez les blancs, & prendrez à proportion d'un ſeul blanc pour l'employ d'une livre de ſucre. Mettez-les dans un mortier de marbre bien net, & les broyez petit à petit en y meſlant de fois à autre du ſucre en poudre & un peu d'eau de fleurs d'orange: Ce que vous continuërez juſques à ce que le tout devienne épais & puiſſe eſtre manié, & cela eſtant fait & voſtre paſte eſtant formée, vous la pouvez dreſſer ou en petites boules, ou en biſcuits: ſi vous la dreſſez en petites boules, il les faut rouler dans les mains avec du ſucre en poudre & les étendre ſur du papier, éloignées les unes des autres: Si vous la voulez dreſſer en biſcuits, mettez-la deſſus une table bien nette & l'étendez avec le rouleau, y mettant toûjours auſſi du ſucre en poudre deſſus & deſſous, & la changeant ſouvent de place juſques à ce qu'elle ſoit environ de l'épaiſſeur de deux pieces de vingt ſols, coupez-la en ſuite avec un couſteau, & faites-en vos biſcuits de telle largeur & de telle longueur qu'il vous plaira. Mettez-les ſur du papier blanc, un peu éloignez les uns des autres, de meſme que les boules, & de quelque façon que vous ayez diſpoſé voſtre paſte, ſoit en boules, ſoit en biſcuits, mettez-les cuire dans un four de cuivre rouge, avec un feu me-

H ij

diocre dessus & dessous, estant cuits laissez-les refroidir, & les levez froids: Ces sortes de biscuits se peuvent ambrer & musquer, ce que vous ferez broyant vostre paste dans un mortier de fonte, avec un pilon aussi de fonte, & meslant de l'ambre & du musc avec le sucre en poudre à mesure que vous le broyerez: Vous pouvez aussi luy donner telle couleur qu'il vous plaira, comme il est dit cy-dessus.

Biscuit de fleurs d'orange glacée.

Faites vostre paste de mesme façon que la precedente : étendez-la aussi & la coupez de mesme sorte : Mettez ensuite des blancs d'œufs dans un plat ou dans un bassin, trempez-y vos biscuits l'un aprés l'autre : Faites-les égoutter, & les mettez dans un autre bassin avec quantité de sucre en poudre, les en couvrant dessus & dessous : aprés tout mettez-les sur du papier & les faites cuire comme les autres.

Biscuit de Jasmin.

Il faut avoir des fleurs de jasmin d'Espa-

DE CONFITURE. 93

gne, ou commun, les bien éplucher, les mettre dans un mortier de marbre bien net, les bien piler, & y mettre en suite des blancs d'œufs & du sucre en poudre, enfin achevez vos biscuits de mesme que les precedens.

Biscuit de citron.

Ayez de la racleure de citron preparée comme celle de la conserve : faites de la paste semblable à celle des biscuits de fleurs d'orange, & en la broyant mettez-y de la raclure de citron.

Grand biscuit de citron.

Faites cuire du sucre à casse, ostez-le de dessus le feu, mettez-y un peu de raclure de citron, & luy donnez telle couleur qu'il vous plaira : Mettez-y deux blancs d'œufs bien fouëtez, & versez promptement vostre glace dans des quaisses de papier double, plié en longueur ou en largeur, à proportion du sucre que vous y voulez mettre : Lors que vostre paste commence à refroidir, coupez-la de telle façon qu'il vous plaira.

Biscuit de Savoye.

Ils se font de mesme façon que les autres, horsmis qu'il faut oster le blanc de cinq œufs & mettre en leur place un peu d'eau de fleurs d'orange : Aprés que vous les aurez bien battus comme les susdits, dressez-les sur du papier avec une cueilliere, de mesme que de la conserve : prenez en suite du sucre en poudre, parmy lequel vous meslerez un peu de farine, & de l'un & de l'autre meslez ainsi ensemble vous poudrerez vos biscuits & souflerez le sucre & la farine qui seront sur le papier : Estant ainsi apprestez, faites-les cuire, mais avec moins de feu que les autres. Estans cuits, levez-les tout chauds avec le tranchant d'un cousteau.

Autre façon.

Prenez six jaunes & huit blancs d'œufs, avec une livre de sucre en poudre, trois quarterons de bonne farine de froment, & de l'anis : Battez le tout ensemble & le faites bien boüillir. Faites une paste qui ne soit ny trop molle ny trop dure : toutefois si elle est trop molle, vous y pouvez mesler de la farine & du sucre en poudre pour l'affermir. Enfin estant bien proportionnée, mettez-là dans des moules de fer blanc faites exprés, & en suite faire cuire vos biscuits à demy dans le four. Estant demy cuits, retirez-les & les remoüillez par dessus des jaunes d'œufs. Cela fait, remettez-les dans le four pour achever de cuire. Ce qu'étant fait, tirez-les, & prenez garde qu'ils ne soient ny trop brulez ny trop mols : estant tirez, serrez-les dans un lieu qui ne soit ny trop frais ny trop sec.

Biscuits à la Chanceliere.

Prenez huit œufs frais, ostez-en les blancs & les germes, puis mettez les jaunes dans un plat ou dans une terrine, & les délayez avec une cueilliere d'argent, & à mesure que vous les délayerez, mettez-y du sucre fin en poudre, cueillerée à cueillerée, remuant toûjours fort & ferme. Adjoûtez-y aprés quelque temps deux cueillerées de farine, un peu d'anis battu, & aussi un peu d'eau de fleurs d'orange : Meslez bien le tout ensemble, &

continuez d'y mettre du sucre en poudre jusques à ce qu'il se soit fait comme une paste, que vous dresserez ou seringuerez sur du papier en telle forme qu'il vous plaira : Estant dressée, vous les ferez cuire dans un four de cuivre rouge à petit feu dessus & dessous. Estans cuits & refroidis, levez-les adroitement.

Autre façon des Biscuits, Macarons & Massepin.

Biscuit à la Royal.

PRenez un quarteron de poudre de sucre, demy quarteron de farine, & trois blancs d'œufs ; puis bien battre le tout dans un plat ou bassin : Et si vostre paste est trop humide y faudra adjoûter de la poudre de sucre & quelque peu de farine, & faut que sa cuisson soit comme le buiscuit de citron ; & puis le jetter sur du papier avec de la poudre de sucre par dessus ; & comme il est presque cuit il le faut couper avec un cousteau qui soit bien délié & mince, & le changer de place, & aprés le faire cuire au four ou dedans une tourtiere de cuivre, à laquelle on mettra du feu deſſus & deſſous ; & aprés qu'il eſt cuit vous le tirerez.

Biſcuit de Citrons.

Prenez du ſucre & le faites fondre, & en oſtez l'écume ; & pour voir s'il eſt cuit il faut moüiller un couſteau dans de l'eau fraîche, & voir ſi le ſucre ſe romp, & ſi cela eſt il eſt cuit. Et aprés il convient bartre des blancs d'œufs avec du ſucre & de la raclure de citron, & le meſler parmy ledit ſucre, & puis l'oſter de deſſus le feu. Et quand il s'enflera dans le poêlon, il faut le verſer deſſus du papier, & aprés le couper en forme de biſcuit.

Petit biſcuit de Citron.

Prenez trois blancs d'œufs que vous mettrez dans un mortier avec de la poudre de ſucre & de la raclure de citron, & puis y mettre une goutte d'eau de fleurs d'orange, ou de jaſmin, & aprés piler le tout enſemble, & puis faire vôtre paſte & la couper par tranches; enſuite jetter de la poudre de ſucre par deſsus & dessous, & aprés le faire cuire dans un fourneau.

Biscuit souflé.

Prenez demy livre de sucre bien battu, puis le passer dans un tamy; & aprés prenez pour un sol de gomme à dragan ou plus si vous jugez en estre de besoin, que mettrez tremper dans de l'eau roze ou eau de fleurs d'orange, y adjoûtant telle couleur que vous voudrez, puis battre le tout ensemble & faire vostre paste la plus dure que vous pourrez: Et aprés vous l'applattirez comme si vous vouliez faire une abesse; & aprés le couper de telle largeur & longueur que vous voudrez, puis vous le ferez cuire ainsi que dessus.

Biscuit de couleur de Roses & Violettes.

Prenez du sucre avec jus, & faites comme a esté dit cy-dessus, & qu'il soit cuit davantage que l'autre, & qu'il se casse entre les doigts, & puis y mettre vostre couleur; & aprés le faire boüillir jusques à ce qu'il soit comme celuy de citron avec des blancs d'œufs bien battu, & quand il s'enflera les verserez dedans.

Biscuit enlevé.

Prenez deux livres de sucre cassé par morceaux, & puis l'arroser d'eau & le laisser fondre, puis le mettre sur le feu. Pour la décuite faut prendre un blanc d'œuf que mettrez dans un plat, & le bien battre, puis prendre du sucre en poudre passé par un tamy, & le mettre peu à peu en paste, & après le prendre avec un cuillier & le mettre tout au tour du rouleau; & pour voir vostre cuisson de sucre faut qu'il soit plus cuit qu'en conserve, puis prendre une petite bassine d'eau fraische que vous mettrez proche du poeslon; & après mouillez vostre doigt ou la main dans ladite bassine, & plonger aussi vostre doigt dans le sucre; & puis le mettez habilement dans ladite bassine d'eau fraische; & si le sucre qui se tient à vos doigts se casse comme de la glasse ou verre, incontinant vous prenez le rouleau où est la décuite d'une main, & le poeslon de l'autre, & remuer promptement le poeslon, & vous

I ij

verrez voſtre biſcuit qui s'enlevera dans voſtre poeſlon, & comme il ſera levé vous tiendrez un eſtuy de papier, dans lequel vous jetterez le tout dedans iceluy; & quand voſtre ſucre eſt preſque cuit, vous y pouvez jetter de la rapelure de citron ou d'orange.

Et nottez qu'il faut tenir couvert voſtre poeſlon juſqu'à ce qu'il ſoit froid.

Biſcuit de Savoye.

Prenez une livre de ſucre & trois quarterons de farine, un peu d'eau roſe, trois ou quatre blancs d'œufs, & un peu d'anis battu en poudre paſſé dans un tamy, & puis bien battre le tout enſemble, & faire voſtre paſte épaiſſe; que ſi par adventure elle l'eſtoit par trop, meſlez-y encore du blanc d'œuf; & ſi voſtre biſcuit ne prend aſſez de couleur, mettez-y du blanc d'œuf; & quand il ſera cuit il le faudra couper tout chaudement de telle façon que vous deſirerez.

DE Confiture.

Des Macarons.

Pour faire des Macarons.

PRenez une livre d'amandes que mettrez dans un chaudron avec de l'eau que ferez boüillir huit ou dix boüillons, & puis le jetterez dans un baſſin plein d'eau fraiſche juſques au lendemain, & aprés les peler; & à meſure qu'elles ſeront pelées vous les jetterez encore derechef dans d'autre eau fraiſche, & puis les tirer & les faire bien égouter : & aprés les bien piler dans un mortier, & les arroſer un peu d'eau roſe tant ſoit peu en les battant; & puis mettre du ſucre en poudre avec trois ou quatre blancs d'œufs dans ledit mortier, & bien piler le tout enſemble, & aprés mettre voſtre paſte ſur du papier avec une cueillier, & puis le faire cuire.

Et notter qu'il ne faut pas que le four ſoit trop chaud, afin qu'il cuiſe à loiſir, & puis les tirer & mettre en lieu ſec & chaud pour les conſerver.

Du Massepin marbré.

Pour faire du Biscuit & Massepin marbré.

PRenez une livre d'amandes pelées ainsi qu'il est dit cy-dessus, que pilerez tres-fort dans le mortier, & aprés y mettre du sucre en poudre, & pour deux sols de gomme adragan, & puis piler le tout ensemble: Et aprés que vostre paste sera faite la mettre dans un poeslon sur le feu, & l'y laisser fort peu; & puis la tirerez hors du poeslon, afin de la repiler encore une autre fois tant soit peu, & puis faire autant de morceaux de paste comme vous voudrez faire de couleur; & aprés faire une abesse de chacune couleur, & puis les mettre l'une sur l'autre en les roulant pour les faire tenir & joindre ensemble; & aprés couper vostre paste par morceaux, & que chaque morceau soit abesse de l'épaisseur d'un quart d'escu; Et ainsi vous pouvez faire du biscuit marbré, & les faire cuire comme a esté dit cy-devant.

Et ainsi vous pouvez faire du Massepin, lequel se trouvera de diverses couleurs en le servant à table.

Massepin filé & glacé d'amandes.

Prenez une livre d'amandes que ferez cuire comme dessus, & puis les piler dans un mortier en les arrosant un peu d'eau rose ou d'eau de fleurs d'orange à diverses fois, en les pilant tant qu'elles soient en paste aussi douce que de farine, puis prendre une livre de sucre que couperez par morceaux, & aprés le mettre dans un poeslon avec un peu d'eau que ferez cuire en conserve, & incontinant jetter vos amandes dedans vostre poeslon, & le laisser sur le feu, & sans cesse remuer toûjours avec la gache jusques à ce que vos amandes commencent à seicher & quitter le poeslon, & alors vous tirerez vostre paste promptement, que mettrez sur une table avec un peu de sucre en poudre, puis vous en ferez une abesse avec le rouleau, & en prendre un morceau, & le filer ainsi que desirerez.

Et si vous voulez le glacer vous prendrez du sucre passé par un tamy que vous délayerez avec de l'eau rose, ou eauë de fleurs d'orange pour le glacer de couleur, & puis prendre du jus de framboise, groseilles rouges, ou violettes, pour délayer vostre glace.

Et si vous voulez déguiser vostre paste, prenez-en un morceau que vous étendrez avec un rouleau; & aprés coupez bien délicatement vostre paste de massepin de telle façon que vous voudrez, & puis la mettre secher dedans le four chaud mediocrement avant que de la glacer avec la pointe d'un couteau le plus proprement que vous pourrez; & aprés le remettre dans le four, & le faire parachever de cuire.

Nottez que le Massepin vert se fait avec de la poirée bien pilée.

Massepin commun.

Prenez une livre d'amandes douces, pelez-les dans l'eau chaude, & les remettez à mesure dans de la froide. Tirez-les & les mettez égoutter dans une serviette: aprés vous les pilerez dans un mortier de marbre avec un pilon de boüis ou d'autre bois, mais souvenez-vous de les arroser souvent avec un blanc d'œuf, de l'eau de fleurs d'orange, ou de quelque autre senteur, jusques à ce qu'elles soient aussi menuës que de la farine. Faites cuire en suite à cuisson de souffle trois quarterons du plus beau sucre que vous pourrez : estant cuit jettez-le dessus vos amandes, que vous délayerez avec la spatule. Remettez le tout sur le feu & le remuez aussi toûjours avec la mesme spatule, prenant soigneusement garde que rien ne brusle ny au fonds, ny aux bords du poëslon : & quand vous vous appercevrez que rien n'y tient, tirez vôtre paste, seringuez-la ou la filez en telle forme & telle façon qu'il vous plaira : & enfin faites-la cuir dans un four de cuivre rouge.

Massepin Royal.

Prenez de la paste de Massepin commun, filez-la sur une table, environ de l'épaisseur d'un doigt, coupez-la par morceaux, & en faites des anneaux gros & ronds environ comme un œuf. Trempez en suite vos anneaux dans des blancs d'œufs, les enfermez entierement dans du sucre en poudre. Prenez un blanc d'œuf, broyez-le dans un mortier, en le broyant jettez-y du sucre petit à petit, & ne cessez point jusques à ce que vous en ayez fait comme une espece de paste bien mollette : estant en cet estat, faites-en de petites boules grosses comme le dedans de vos anneaux : tirez lesdits anneaux du sucre dont vous les aviez couverts, arrangez-les sur du papier, & dans chacun d'iceux mettez une boule, & les faites cuire dans le four de cuivre.

Massepin frizé.

Ayez de bonnes amandes douces, pelez-les & les pilez comme les autres : lors qu'elles seront bien pilées, meslez-y du sucre en poudre petit à petit, & continuez toûjours jusques à ce que vous en ayez fait une paste maniable, laquelle vous filerez ou seringuerez comme il vous plaira. Estant ainsi apprestée, dressez-la sur du papier en telle forme que vous voudrez. Aprés tout, faites-la cuire d'un costé seulement avec le couvercle du four, & la faites refroidir : estant froide, faites cuire l'autre costé de mesme façon, levez-la toute chaude de dessus le papier,

& voſtre maſſepin ainſi fait ſera leger, délicat, beau, bon, & parfaitement délicieux.

Maſſepin ſoufflé.

Prenez un quarteron de belles amandes, pelez-les & les pilez le plus que vous pourrez; mettez-y deux blancs d'œufs frais, broyez bien le tout enſemble, adjoûtez-y du ſucre en poudre, & ne diſcontinuez pas juſques à ce que vous ayez fait une paſte maniable: paſſez-la dans la ſeringue avec un gros fer, puis la dreſſez par anneaux ſur du papier, faites cuire vos anneaux dans un four de cuivre à petit feu: & vous ferez quelque choſe de beau & de bon.

Maſſepin mollet.

Prenez une livre d'amandes douces, pelez-les proprement & les mettez dans un mortier: meſlez avec vos amandes une livre de beau ſucre en poudre, & la rapure de l'eſcorce d'un citron verd: pilez le tout enſemble, & en ſuite le dreſſez ſur du papier de telle façon qu'il vous plaira. Faites cuire ce que vous aurez ainsi dressé d'un seul costé avec le couvercle du four; estant ainsi cuit, faites-le refroidir, puis le faites cuire de l'autre costé.

Massepin d'orange.

Prenez une livre d'amandes, pelez-les & les pilez, faites cuire à souffle trois quarterons de sucre: ostez-le de dessus le feu, & y jettez vos amandes, que vous délayerez diligemment. Prenez en suite environ demy livre de chair d'orange confite-liquide, égoutez-en le sirop, le pilez & le mettez avec vos amandes; faites cuire le tout ensemble dans un poeslon en remuant toûjours le fonds & les costez jusques à ce que vostre paste ne tienne plus au poeslon. Dressez-la sur du papier en telle façon qu'il vous plaira, & la faite cuire derechef d'un seul costé avec le dessus du four: faites refroidir ce costé, estant froid, glacez celuy qui ne sera pas cuit, & après l'avoir glacé, faites-le cuire comme l'autre.

Massepin de citron.

Il se fait de mesme façon que celuy

l'orange, excepté qu'au lieu de chair l'orange, il y faut mettre de la chair de citron.

Massepain glacé.

Faites une paste semblable à celle de massepain commun, filez-là sur une table, la dressez en telle façon qu'il vous plaira, puis faites-la un peu secher au four. En suite ayez un peu d'eau de fleurs d'orange, mettez-la dans un plat d'argent, meslez-y du sucre en poudre petit à petit, & délayez le tout ensemble avec une cueilliere aussi d'argent, jusques à ce que vostre glace soit environ épaisse comme de la boulie.

Ou si vous voulez, mettez un blanc d'œuf dans un plat de fayence, délayez-le avec une cueilliére d'argent, & achevez cette glace comme la precedente : mais n'oubliez pas d'y mettre un peu de jus de citron, lors qu'elle commencera à s'épaissir.

Vostre glace, de façon ou d'autre, estant achevée, prenez vos morceaux de massepain, & les dorez de l'une de ces deux glaces: puis les mettez sur du papier & les faites cuire un costé aprés l'autre.

comme cy-dessus, avec le couvercle du four.

Remarquez que ces deux glaces peuvent servir pour glacer toutes sortes de pastes de tourtes, d'abaisses, & de fruits.

Pour faire des conserves excellentes de Roses de Provins après le repas & le matin.

PRenez des roses de Provins les plus rouges que faire se poura, & les sechez dans une vaisselle le plus que vous pourez, en les remuant souvent à la main à petit feu, puis les bien battre dans un mortier, & après les passer dans une estamine bien déliée, puis les détramper dans un jus de citron, & sur ledit jus y mettre demy once de roses, & à faute de citron vous prendrez du verjus, puis prendre du sucre & le faire cuire jusques à la plume; & après l'oster de dessus le feu, & blanchir un peu avec l'espatule. Et après vous mettrez vos roses dedans tant que vostre conserve ait pris couleur; & si vostre sucre estoit trop cuit vous y adjouterez demy jus de citron, selon que vous jugerez estre à propos, & puis lais-

DE CONFITURE.

ser un peu voſtre conſerve repoſer, & incontinant aprés vous la dreſſerez.

Conſerve de Citrons.

Prenez des citrons & les rapez, & puis prendre la rapelure & la mettre dans de l'eau, & aprés l'oſter & la mettre ſeicher devant le feu mediocrement, & puis prendre du ſucre & le faire ſecher & cuire à la premiere plume qu'il fera, & l'oſter de deſſus le feu, & mettre voſtre rapelure de citrons dedans; & aprés le blanchir avec l'eſpatule, y adjoûtant du jus de citron, s'il en eſt de beſoin, & puis la dreſſer.

Conſerve de Grenades.

Prenez des grenades & oſter l'eſcorce, puis prendre les grains & les preſſer, & aprés prendre le jus & le mettre deſſus une aſſiette, & le deſſecher à petit feu, ou ſur un peu de cendres chaudes, & puis prendre du ſucre que ferez cuire à la plume, & le faire cuire plus fort que les autres, c'eſt à dire tres-fort, puis l'oſter de deſſus le feu & le blanchir, & aprés mettre voſtre jus dedans, & vous trouverez voſtre conſerve.

Conſerve de Piſtaches.

Prenez des piſtaches que pilerés dans un mortier, puis faire cuire voſtre ſucre à la plume & le blanchir; & aprés mettre vos piſtaches dedans, les remuer fort avec le ſucre, & puis vous les dreſſerez.

Conſerve de Ceriſes & d'Abricots.

Prenez des ceriſes ou abricots que couperés par petits morceaux, puis mettre du ſucre en poudre par deſſus, & les deſſecher auprés du feu; & aprés prendre du ſucre que ferez cuire à la plum un peu fort, puis oſter voſtre ſucre d deſſus le feu, & mettre voſtre fruit de dans: Et quand elle ſera cuite l'oſter d deſſus le feu & le blanchir, puis pre dre garde avec une cueilliere quand ſe fait la petite glace, & lors il la fa tirer.

Conſerve de Framboiſes.

Prenez des framboiſes bien épluché

& passées par un tamis bien fin, puis prendre quatre livres de sucre que ferez cuire en sucre rosat bien fort, & aprés le blanchir jusques à ce qu'il soit froid, puis jetter dedans ce qui sera sorty de vos framboises, que ferez cuire, & puis voyez si vostre couleur est belle, & aprés la tirer.

Conserve de Groseilles rouges.

Prenez six livres de sucre & le faites cuire en sucre rosat, puis jetter trois livres de groseilles dedans vostre sucre, & aprés la laisser boüillir tant qu'elle soit cuite, & puis vous la dresserez.

Conserve d'eau de fleurs d'Orange.

Prenez une livre de sucre, & plein la coquille d'un œuf de fleurs d'orange; & quand vostre sucre sera en conserve jettez vostre eau de fleurs d'orange dedans, & la faite boüillir deux ou trois boüillons, & la remuer toûjours tant qu'elle ait passé son feu, puis la tirer sur du papier.

Conserve de fleurs d'Orange.

Prenez une livre de sucre que ferez cuire en conserve, puis jetter dedans une poignée de fleurs d'Orange bien hachées avec un coûteau, & aprés la faites boüillir deux ou trois boüillons, puis la tirer de dessus le feu, & luy laisser passer son feu, & aprés la tirer sur du papier.

Conserve de fleurs d'Orange liquides.

Prenez une livre de fleurs d'orange & les éplucher feüilles par feüilles, que ferez boüillir dans de l'eau dix ou douze boüillons jusques à ce qu'elles s'attendrissent, puis les tirer de cette eauë boüillante, de crainte qu'elles ne noircissent; & aprés vous les laverez proprement avec la main, & les bien essuyer dans un linge blanc & fort délié, & puis les piler dans un mortier de marbre tant qu'il en sera de besoin, & en les pilant les arrouser de jus de citron; & aprés prendre deux livres & demy de sucre fin que ferez cuire à part jusques à la premiere neige ou plume, puis vous le laisserez refroidir; Et lors qu'il sera à demy froid vous mettrez vos fleurs d'orange dedans, & puis le bien remuer tant qu'elle soit bien meslée avec le sucre, & après vous la tirerez pour la mettre dans des pots de fayance bien nets, & ensuite la bien couvrir de papier blanc sans la mettre au soleil.

Conserve meslée.

Prenez de l'escorce de citron & tirez le vert de dessus de trois côtez, & la bien hacher; & pour une livre de sucre prenez six abricots confits au sucre de cerises, & puis hacher le tout bien menu, & mesler le tout ensemble avec du sucre en poudre; & quand vostre sucre sera en conserve mettez le tout dans vostre poeslon & la faite boüillir deux ou trois boüillons, & aprés vous la tirerez sur du papier.

Conserve d'Amandes seches.

Prenez un quarteron d'amandes pelées & bien lavées, puis les essuyer, & après les piler dans un mortier; en suite prenez une livre de sucre que ferez cuire en conserve, & aprés jetter vostre paste d'amandes dedans, la bien manier, luy faire prendre un boüillon, & aprés la tirer sur du papier.

Conserve marbrée.

Prenez du sucre bien fin passé dans un tamy que ferez cuire en conserve, que jetterez dans des vaisseaux selon la quantité qu'en voudrez faire, puis mêler vos couleurs que reduirez en paste, afin de la rouler avec un rouleau, & puis mettre toutes vos pastes les unes sur les autres, & puis faites qu'elles tiennent toutes ensembles; & aprés vous les couperez avec un coûteau, & puis vous les glacerez des deux costez; & ensuite faites prendre vostre conserve dedans un fourneau, & pour ce faut avoir des coins qui soient fort beaux, fort jaunes & sans taches que vous couperez par quartiers, que ferez cuire dans de l'eau jusques à ce qu'ils soient mollets, puis les tirer & faire égouter; & aprés faire fondre vostre sucre en la mesme eau, lequel doit estre plus cuit que le sirop, & puis mettre vos coins & tous les pepins enfermez dans un noüet ; & le tout doit estre soigneusement couvert jusques à ce qu'elle sera parfaitement cuite pour la garder au besoin.

La conserve de roses, de jasmin, d'œillets, de soucy, de violettes de Mars, feüilles de buglose, de bouroche, sauge & romarin se font de mesmes sortes comme celles de fleurs d'orange.

La conserve de verjus se fait aussi de mesme sorte que celle des groseilles.

Conserve de toutes sortes de jus.

Prenez du sucre & le faite cuire ; & pour connoistre lors qu'il est cuit, il en faut prendre un peu avec les doigts, & en le remuant qu'il se fasse une petite boulette, puis vous le tirerez de dessus le feu & le bien remuer, & aprés y mettre tel jus que vous voudrez, & lors qu'il s'épaissira, il la faut tirer.

Conserve de Violettes de Mars.

Prenez une muscade & la rapez, que mettrez tremper avec un peu d'eau, & la faire infuser sur un peu de cendres, puis faire cuire voſtre ſucre en conſerve, & aprés prendre voſtre infuſion de violettes que paſſerez dans un linge ou tamis, & puis les jetter dans voſtre ſucre, aprés la bien mouvoir ; & ſi vous la deſirez faire de couleur nacarat, quand l'eau eſt infuſée ſur l'aſſiette, mettez-y un jus de citron avant que de la paſſer.

Nottez que pour bien garder voſtre conſerve il la faut mettre dans un pot de terre verniſſé ou de grets, la couvrant d'un papier non pertuiſez, & la metrant au ſoleil l'eſpace de trente ou quarante jours, en la remuant deux ou trois fois la ſemaine avec la ſpatule, afin que la chaleur du ſoleil la cuiſe de tous côtez.

Autre maniere de Conſerves de diverſes façons.

Conſerve de Roſes.

PRenez des roſes de Provins, les plus rouges qui ſe pourront rencontrer : faites-les ſecher le plus que vous pourrez, dans une vaiſſelle d'argent à petit feu, & les remuez ſouvent à la main;

estant bien seches, battez-les dans un mortier, & en suite passez-les dans un tamis bien délié, puis les détrempez avec un jus de citron, au dessus duquel vous mettrez une demy once de roses battuës en poudre, & à faute de jus de citron, servez-vous de verjus. Prenez du sucre & le faite cuire jusques à la plume ; estant cuit, ostez-le de dessus le feu & le faite blanchir avec la spatule, mettez vos roses dedans, & les y laissez tant que vostre composé ait pris couleur : que si par hazard vostre sucre estoit trop cuit, mettez-y le jus d'un citron ou de la moitié, à proportion de ce que vous jugerez necessaire. Laissez un peu refroidir le tout, & le tirez.

Autre façon.

Prenez des roses de Provins en poudre, délayez-les avec un peu de jus de citron, faite cuire du sucre à souffle, ostez-le de dessus le feu, mélez-y vos roses, & les dressez comme les autres.

Conserve de fleurs d'Orange.

Prenez une petite poignée de fleurs

d'orange, oſtés les feüilles de leurs boutons, & les coupés par morceaux, faites cuire à ſouffle une livre de ſucre, eſtant cuite, tirez-là de deſſus le feu, & y plongez vos fleurs d'orange avec une cueilliere ou une ſpatule : lors qu'elles commenceront à ſe prendre par deſſus, dreſſés-les ſur du papier avec les meſmes inſtrumens.

Autre façon.

Prenés de la fleurs d'orange, oſtés-la de ſon bouton, & pilés les feüilles: faites cuire du ſucre à ſouffle, oſtés-le de deſſus le feu, mettés-y vos fleurs d'orange pilées, & l'achevés comme la precedente.

Conſerve d'eau de fleurs d'orange.

Elle ſe fait de meſme façon que celles cy-devant : mais il y faut mêler de l'eau de fleurs d'orange aprés la cuiſſon du ſucre.

Conſerve de jus de citron.

Faites-la de la meſme façon que cell
d'ea

d'eau de fleurs d'orange, y mêlant du jus de citron aprés la cuisson du sucre, lors que vous l'aurez tirée de dessus le feu.

Conserve de raclure de citron.

Ayez un beau citron, rapez-le & en faites tomber la rapure dans de l'eau nette, passez-la dans un linge & la faites bien seicher, faites cuire du sucre à souffle, ostez-le de dessus le feu, mettez-y vostre rapure, & achevez vostre conserve comme les precedentes.

Conserve de toutes sortes de fruits.

Prenez des cerises à oreiller: des abricots aussi à oreiller, des prunes, des pesches, ou des amandes vertes, & les coupez par petits morceaux: faites cuire du sucre à souffle, dans lequel estant cuit vous mettrez ces fruits, puis dressez vôtre conserve comme les autres.

Autre façon.

Prenez de l'escorce de citron, des pistaches, des abricots & des cerises: coupez-
L

les, comme il est dit, par petits morceaux, parsemez-les de sucre en poudre, & les faites dessecher auprés & à petit feu: prenez du sucre & le faites cuire à la plume un peu forte, & sans l'oster hors de dessus le feu, mettez vos fruits dedans: Lors que vous appercevrez la plume de vostre sucre, ostez-le & le faites blanchir: enfin quand la petite glace s'y formera, tirez vostre conserve avec une cueilliere.

Conserve de Pistaches.

Prenez des pistaches cassées, pelez-les, puis les mettez à mesure dans de l'eau fraische: faites-les secher aprés les avoir passées dans un linge; pilez-les, & ensuite faites cuire du sucre à souffle, dans lequel estant cuit vous jetterez vos pistaches, & dresserez vostre conserve comme les autres.

Autre façon.

Prenez des pistaches & les pilez, faites cuire du sucre à la plume, estant cuit faites-le blanchir: cela fait, mettez vo pistaches dedans & les y remuez: enfi tirez voſtre conſerve ſur du papier.

Conſerve de Grenade.

Prenez des grains de grenade, preſſez-les dans une ſerviette, tirez-en le jus & le mettez dans un plat avec un peu de ſucre en poudre; faites-les un peu chauffer ſur le feu juſques à ce que le ſucre ſoit fondu : faites cuire en ſuite du ſucre à ſouffle, eſtant cuit, tirez-le de deſſus le feu, mettez-y voſtre jus de grenade, & dreſſez voſtre conſerve comme les autres.

Conſerve de Violettes.

Prenez des feüilles de violettes bien eſpluchées de leurs boutons : pilez-les dans un mortier, paſſez-les dans un linge, & en tirez le jus : faites cuire du ſucre à ſouffle, oſtez-le de deſſus le feu, & y mettez voſtre jus de violettes, meſlez-le bien, & en le dreſſant mettez-y un peu de jus de citron.

Conſerve de Ceriſes.

Prenez de belles ceriſes, oſtez-en les

noyaux & les faites peu boüillir avec un peu d'eau: faites-les égoutter & les coupez par morceaux: faites cuire du sucre à souffle, tirez-le de dessus le feu, jettez-y vos cerises, & dressez vostre conserve comme les autres.

Conserve en forme de tranches de jambon.

Prenez du plus beau sucre que vous pourrez trouver; divisez-le & le mettez dans deux poeslons: & le faites cuire à souffle dans l'un & dans l'autre: Mettez du jus ou de la rapure de citron dans tous les deux, & un peu de sinabre dans un seul; Remuez-le bien avec le sucre pour luy faire prendre couleur. Faites en suite une couche de conserve blanche sur du papier, environ de la grandeur de la main, au dessus une autre couche de conserve rouge, au dessus de la roug une blanche, & ainsi successivement jusques à ce que vos couches montent à l'épaisseur de quatre doigts, en sorte que la derniere soit rouge. Coupez le tout avec un couteau en forme de tranches de jambon, & les renversez à mesure sur du papier. N'oubliez pas à cha que fois que vous prendrez de la conserve rouge, d'y mettre un peu de sinabre pour la rougir davantage.

Autre façon.

Prenez des pistaches pilées d'une part, de la poudre de roses de Provins, détrempée avec un jus de citron, d'autre, & des amandes pilées en paste, encore d'une part, mettez ces trois choses en divers vaisseaux, & faites cuire environ une livre & demy de sucre en cuisson de conserve: estant cuit, separez-le en trois parties, dont vous en conserverez deux, & mettrez sur la cendre chaude : dans l'autre vous verserez vos roses, & aprés les y avoir bien délayées, vous renverserez le tout ensemble sur une feüille de papier double, que vous replierez de deux doigts de hauteur, aux quatre côtez, en attachant les quatre coins avec des épingles : cela fait, & lors que ce premier sucre versé sera à moitié froid, & coloré par le moyen des roses, prenez de vos amandes, meslez ce que vous en prendrez dans une des parties du sucre laissées sur la cendre chaude, & le versez dessus cet appareil, faisant la mesme chose à l'égard des pistaches, & de l'autre partie de sucre. Enfin quand le tout sera en estat d'estre coupé au cousteau, abbatez les bords de la feüille de papier, & le coupez par tranches de l'épaisseur d'un quart-d'escu.

Pour faire le Caramel ou sucre Candy.

Prenez du sucre que ferez fondre avec un peu d'eau, & que la cuisson passe celle de conserve, c'est à dire tres-forte, & aussi-tost jetter vostre sucre dans de l'eau fraische.

Autre Caramel.

Faites cuire de beau sucre à la cuisson appellée casse ; estant cuit, ostez-le de dessus le feu, mettez-y un peu d'essence d'ambre, & le versez avec le poeslon comme de petits ronds sur une assiette, ou dans un bassin d'argent.

Autre façon.

Faites fondre du sucre avec un peu d'eau, en sorte que la cuisson eu soit plus forte que celle de conserve. Mettez-y du sirop Capilaire, & jettez le tout dans l'eau fraische.

Maniere de faire toutes sortes de Confitures seches.

Cerises seches.

PRenez un bassin d'eau que mettrez sur le feu, dans lequel vous mettrez vos cerises, & aussi-tost que vostre eau commencera à boüillir, il les faut oster & les mettre dans vostre sucre clarifié, & les y laisser douze heures, & aprés oster le sirop d'avec vos cerises, & le faire boüillir jusques à la cuisson de gelée; & puis prendre ledit sirop & le mettre pardessus vos cerises; & faut notter qu'il faut faire par trois fois cette mesme chose. Cela fait vous prendrez vostre sucre & cerises que mettrez sur le feu; & comme elles commenceront à échauffer, il les faut vuider dans une étamine pour faire égoutter le sirop, & aprés les prendre l'une aprés l'autre, & les mettre sur une feüille de fer blanc, ou dans un plat de terre, & les laisser secher comme cela ; & faut notter que pour une livre de cerises vous prendrez une livre & demy de sucre.

Cerises sans noyaux seches.

Prenez trois livres de sucre & le faites cuire en sucre rosat, ainsi que dessus ; & quand il sera cuit vous jetterez trois livres de cerises dedans, puis vous les laisserez boüillir tant qu'il n'y ait plus d'écume ; & aprés vous les laisserez refroidir, & incontinant aprés vous les mettrez en l'estuve un jour entier ; & lors que vostre sirop devient épais vous les tirerez.

Abricots secs.

Prenez un bassin d'eau & le faites fremir sur le feu, & incontinant aprés mettre vos abricots dedans ; & lors qu'ils s'éleveront sur l'eau les oster de dessus le feu, & puis les laisser un peu reposer, & aprés voir ceux qui sont assez cuits & les tirer, & mettre rafraîchir dans de l'eau ; Et ceux qui ne seront cuits, vous les remettrez sur le feu, &

aprés les achever de cuire, & puis les mettre au sucre que ferez boüillir, & leur donnerez un peu de cuisson, afin que le fruit soit un peu mollet, & aprés leur donner un boüillon dans le sucre, & puis les laisser reposer jusques à ce qu'il soit froid à demy, & leur faire redonner encore deux ou trois boüillons dans vostre sucre, & aprés les laisser refroidir tout à fait, & puis les mettre égouter dans une terrine, & aprés faire cuire vostre sucre & le versez pardessus vosdits abricots, & puis les mettre dans l'estuve jusques à ce qu'ils soient bien secs.

Les Pommes, Poires, & Prunes se font de mesme façon.

Abricots verds à oreilles & des plus nouveaux venus.

Prenez des abricots verds que ferez cuire dans de l'eau dessus le feu, & aprés qu'ils seront cuits vous les osterez les uns aprés les autres, & puis les jetter dans de l'eau fraische, & aprés les mettre égoutter, & puis prendre trois livres de sucre que vous ferez cuire à lié; & aprés vous jetterez vos abricots dedans, que ferez cuire six bons bouillons, puis vous les osterez de dessus le feu, que laisserez refroidir, puis les égoutter, & aprés faire cuire vostre sucre à lié, & puis jettez vos abricots dans vostredit sirop, que ferez bouillir quatre bouillons, & aprés vous les osterez de dessus le feu, & les mettrez à l'estuve un jour entier, & puis le lendemain vous les osterez.

Prunes seches de toutes sortes.

Prenez des prunes & les piquez, que mettrez tremper au mesme instant dans de l'eau fraische, & puis mettre de l'eau sur le feu, & aprés mettre vos prunes dedans lors que l'eau commencera à bouillir, & si c'est du perdrigon, imperiale, ou dattes, il faut les laisser sur le feu jusques à ce qu'elles soient molettes; & si c'est d'autres prunes incontinant qu'elles commenceront à monter sur l'eau, il les faut oster de dessus le feu & les laisser reposer, & puis les remetre sur le feu pour les faire reverdir: Et si par adventure elles viennent à bouillir il y faudra mettre une goutte ou deux d'eau froide,

& lors que vous verrez qu'elles commenceront à reverdir vous ferez bon feu deffous pour les faire élever fur l'eau, & puis voir fi elles font affez cuittes, & qu'elles foient bien molles, & aprés les mettre raffraîchir dans de l'eau, & puis les mettre dans voftre fucre chaudement, & le lendemain verfez le fucre & le fruit tout enfemble dans le poeflon, & le mettre fur le feu jufques à ce qu'il boüille, & aprés les ofter fi vos prunes font bien fermes ; & faut notter qu'il faut mettre à chaque poeflée un bon demy verre d'eau, & en fuite les mettre égoutter fur un paffoir ; & au commencement donner trois ou quatre boüillons au firop, & puis les verfer dedans, & aprés les recuire par trois ou quatre fois, & fur la fin leur donner un peu le fucre cuit pour les achever, & puis les mettre fecher.

Prunes d'Hyver feches.

Prenez des prunes & les jettez dans de l'eau boüillante, & lors qu'elles commenceront à monter voir fi elles font molettes, puis les tirer de deffus le feu ;

& quand elles feront froides vous les laifferez reverdir dedans la mefme eau à petit feu environ demy heure, & aprés les ofter de deffus le feu & les laiffer refroidir ; & quand elles feront froides vous les rafraîchirez & mettrez égoutter, & aprés les mettre au petit fucre ; fçavoir moitié fucre & moitié eau, & puis mettre le fucre dans un poêflon boüillir quatre bons boüillons en une fois : & aprés qu'elles feront froides vous les ferez derechef reboüillir fix boüillons & les laifferez refroidir, & puis les mettre encore égouter ; & aprés vous ferez cuire du fucre neuf à lié bien fort, & en fuite vous mettrez vos prunes d'hyver dedans voftre fucre boüillir dix bons boüillons, & aprés vous les ofterez de deffus le feu & les mettrez à l'eftuve jufques à ce que voftre firop fera bien épais & candy par deffus vos prunes ; & quand les verrez ainfi elles font faites, & aprés faites-les égoutter, & puis les dreffez.

Grofeilles vertes feches.

Prenez des grofeilles vertes & les

épluchez, & les piquez d'outre en outre, puis les jettez dans de l'eau boüillante & les oftez au mefme inftant, & aprés les laiffez refroidir dans leur eau, & eftant froide vous les faites reverdir deffus un petit feu, de crainte qu'elles ne boüillent; puis quand elles font molles & reverdies vous les prenez avec une écumoire toutes chaudes que vous mettrez dedans le fucre & l'eau, & aprés vous les faites recuire deux fois le jour huit jours durant; & puis faites-les reverdir dans un poeflon à petit feu, & quand elles feront reverdies vous les tirerez.

Oranges & Citrons feches.

Prenez des oranges & des citrons & les rappez, & puis les mettre dans de l'eau froide & fraifche, aprés faire boüillir de l'eau & du fel, & les jetter dedans un quart-d'heure, puis les retirer & les jetter dans de l'eau fraifche, & leur faire une petite ouverture, afin de les vuider avec une petite cueilliere le plus délicatement que vous pourrez, & ne les point crever, puis les jetter dedans de l'eau fraiche, & en fuite les faire boüillir dans de l'eau aprés qu'ils font vuides, afin qu'une épingle y entre aifément, puis les remettre dans de l'eau fraifche. Pour une douzaine de citrons ou une douzaine d'oranges il faut prendre quatre livres de fucre & le faire cuire à lié, & puis égouttez vos citrons & les faites boüillir un bon quart-d'heure, & aprés les tirer de deffus le feu, puis les mettre dans une terrine, les couvrir & les laiffer un jour & une nuit, & aprés les remettre fur le feu & les faire rebouillir jufques à ce que le fucre fe jette en conferve, & prendre le quart d'un verre d'eau de fleurs d'orange, & le jetter dans voftre fucre; puis les tirer de deffus le feu, & aprés les mettre fur de la paille; en fuite les bien fouffler & qu'il n'y demeure que le moins de fucre que faire fe pourra.

Les tailladins de quartiers d'oranges fe font de mefme que les citrons & oranges.

L'efcorce de melon fe confit auffi de mefme que lefdits citrons & oranges.

Pour confire promptement des Oranges, Citrons & Poncilles fecs.

Prenez des oranges, citrons & ponciles que vous rapperez la pelleure avec une rappe douce, puis les faire boüillir dans de l'eau & du sel, & aprés les tirer & les vuider ; en suite les mettre tremper dans de l'eau courante douze heures, & les mettre dans d'autre eauë claire & nette trois jours, & aprés les chaner d'eau trois fois le jour ; & si vostre fruit est gros, il faudra au lieu de trois ours six jours, & aprés clarifiez vostre sucre ; & si vostre fruit est gros mettez le tout au mesme instant dans le sucre ; & si vostre fruit est petit regardez que e sucre prenne la cuisson de conserve un peu moins, & les laisser boüillir jusues à ce qu'il se fasse entre les doigts ne petite boulette tendre, puis les ster de dessus le feu & leur bailler le ustre avec une spatule afin qu'ils sehent mieux, & ouvrir l'endroit pour aire sortir le sucre, & que le lustre entre edans ; & aprés les mettre sur un clayon pour les faire secher ; & si vostre fruit st gros il faut mettre une livre de sucre pour chacune orange, citron & poncille, & pour les petits demy livre pour chacun.

Chair de Citrons seche.

Prenez des citrons poncils ou ballotins que couperez par tranches en long, & aprés les jetterez dans de l'eau fraîche ; & aprés faire boüillir de l'eau & les mettre dedans, que ferez cuire jusques à ce qu'ils soient molets, puis les tirerez & mettrez égoutter ; & en suite faire cuire vostre sucre à demy, puis mettre vostre chair de citrons dedans, que ferez boüillir dix ou douze boüillons, & aprés oster vostre poeslon de dessus le feu, leur laisser prendre le sucre deux heures, puis les faire reboüillir jusques à ce que vostre sucre se jette en conserve ; en suite les tirer promptement & les mettre secher sur la paille.

Noix au sec.

Prenez des noix & les pelez jusques au blanc, puis les mettre dans de l'eau, & aprés les mettre boüillir jusques à ce qu'elles soient moles sous le doigt, puis les tirer sur une serviette blanche, & prendre du sucre autant pesant que vos noix,

noix, les faire boüillir dans un poeſlon avec un peu d'eau juſques à ce qu'elles ſoient à demy cuittes, & aprés faites boüillir vos noix dedans dix ou douze boüillons, puis les oſter du feu, les couvrir & leur laiſſer prendre le ſucre deux ou trois heures; en ſuite les reboüillir promptement juſques à ce que le ſirop ſoit en conſerve, puis les tirer & les mettre ſecher ſur de la paille.

Noix blanches ſeches.

Prenez des noix & les mettez dans de l'eau ſur le feu, & les faites boüillir tant que vos noix ſoient cuittes; & pour le reconnoiſtre prenez une épingle & les piquez, & lors que vos noix quitteront l'épingle vous les tirerez de deſſus le feu, puis vous les rafraiſchirez dés auſſi-toſt aprés durant quatre heures, & en ſuite vous les mettrez au ſucre; & mettre vos noix blanches dedans un poeſlon, les faites boüillir un boüillon, & au meſme inſtant les oſter de deſſus le feu, & le lendemain vous égoutterez vos noix: Et aprés faites-les boüillir un petit boüillon avec voſtre ſirop, puis le verſez dans

M

vos noix, & aprés les égouttez, & faire recuire voſtre ſirop à parle ; puis prenez du ſucre & le faites cuire en ſucre roſat, & aprés vous prendrez la moitié du ſirop qui eſt cuit à parle, & la moitié du ſucre qui eſt cuit en ſucre roſat, puis vous mettrez vos noix dedans voſtre ſirop & ſucre qui eſt cuit comme eſt dit cy-deſſus ; puis faites boüillir vos noix huit bons boüillons ; & aprés vous les oſterez de deſſus le feu & les verſerez dans un vaiſſeau, puis les mettrez à l'eſtuve bien chaudement ; & quand le ſirop eſt candy vous les oſterez de l'eſtuve, & puis les tirerez.

Groſſes & petites Poires ſeches.

Prenez des poires & les faites cuire en façon qu'elles ne s'éboulent point, puis les prendre & les mettre dans de l'eau fraiſche, & les peler, & aprés les mettre encore dans de l'eau fraiſche ; & en ſuite prenez voſtre ſucre clarifié, mettez vos poires dedans, & les laiſſez repoſer douze heures, & puis faire boüillir voſtre ſucre, lequel vous paſſerez par l'eſtamine, & qu'il ait la meſme cuisson que la gelée ; & si vos poires estoient grosses, il leur faudra donner six cuissons distantes l'une de l'autre de douze heures ; si elles estoient petites il ne leur faudroit donner que trois cuissons distantes comme dessus, & les mettre sur le feu ; & comme elles commenceront à boüillir vous les prendrez & les mettrez dans une estamine pour faire égoutter le sirop, & les remettre secher, & puis mettre un peu de poudre de sucre par dessus.

Verjus avec la queuë secs.

Prenez du verjus & le piquez avec un ganif tout au travers, puis vous faites boüillir de l'eau, & lors qu'elle boüillira vous jetterez vostre verjus dedans, & à l'instant vous l'ostez de dessus le feu, & aprés quand l'eau est froide vous les remettez sur le feu reverdir environ demy heure, jusques à ce qu'ils soient molets ; & en mesme temps prenez du sucre & moitié eau, puis les faites chauffer & les versez dans le vaisseau où est le verjus ; puis le lendemain vous l'égouttez dessus une passoire, & aprés vous faites boüillir voſtre ſucre un boüillon, puis faites recuire huit jours durant, & au bout des huit jours vous les mettrez égoutter ; en ſuite vous prendrez du ſucre neuf que vous ferez cuire à lié, c'eſt à dire qu'il file un petit ; & auſſi-toſt jettez voſtre verjus dedans voſtre ſucre, puis le faites boüillir quatre bons boüillons, & aprés le mettre à l'eſtuve, & puis vous verrez ſi le ſirop eſt candy, & lors vous le tirerez.

Et faut notter qu'il eſt de beſoin que le candy paroiſſe à la ſuperficie.

Poires de Genet ſeches.

Prenez des poires de Genet & les mettrez dans de l'eau ſur le feu, & les faites boüillir pour voir ſi elles ſont molles : ce qu'eſtant vous les deſcendrez de deſſus le feu pour les rafraîchir, aprés les peler & jetter dans de l'eau fraîche ; puis les mettre aprés au ſucre, que ferez chauffer & jetter dedans vos poires, & les faites cuire deux fois en tout le jour, puis deux heures aprés vous les égoutterez ; & pour les achever s'il y a ſix livres de poires, il faut autant de ſucre; ou pour employer voſtre petit ſirop il faut faire cuire du ſucre roſat, puis vous prenez moitié petit ſirop, & moitié ſucre, qui eſt en ſucre roſat, que ferez boüillir ſix boüillons; & aprés vous les deſcendrez de deſſus le feu pour les mettre dans un vaiſſeau, & puis les mettre à l'eſtuve bien chaudement; & quand le ſirop eſt épais vous les tirerez.

Figues ſeiches.

Prenez des figues & les piquez auprés de la queuë avec un couſteau, puis vous les mettrez dans de l'eau boüillante deſſus le feu, & incontinant aprés vous les deſcendrez de deſſus le feu, que laiſſerez refroidir dedans la meſme eauë; & lors qu'elles ſeront froides vous les remettrez deſſus le feu environ demy heure, juſques à ce qu'elles ſoient molettes, & qu'elles montent deſſus l'eau; & prendre garde qu'elles ne boüillent, parce qu'il faut qu'elles cuiſent à petit feu ſans boüillir; & aprés vous les ferez reverdir & les changer d'eau nette; puis vous mettrez vos figues dedans l'eau, dans laquelle vous mettrez une chopine de vinaigre avec vos figues, lesquelles vous mettrez deſſus le feu tant qu'elles ſoient vertes & molettes, & les faites cuire à petit feu, c'eſt à dire qu'elles ne boüillent point; puis vous les oſterez de deſſus le feu, les laiſſant refroidir dedans leur eau, & eſtant froides vous les rafraîchirez, & aprés les mettrez égoutter.

Et pour les mettre au ſucre vous prendrez autant d'eau que de ſucre, que ferez boüillir un boüillon, puis vous mettrez vos figues dedans, & aprés les égoutterez, & puis faites boüillir un boüillon à voſtre ſucre que vous jetterez aprés ſur vos figues; & aprés vous les ferez cuire deux fois le jour durant huit jours par intervalle, & à chaque fois les augmenter de ſucre & d'eau au commencement : ſur la moitié des huit jours vous les augmenterez de ſucre ſans y mettre de l'eau ; puis pour les achever vous les égoutterez & prendrez du ſucre neuf, & les faites cuire à liſſé; Et au meſme inſtant vous jetterez vos figues dedans voſtre ſucre, & aprés vous les oſterez de deſſus le feu, les laiſſerez refroidir, puis les mettrez égoutter, & les dresserez afin de les mettre à l'estuve pour secher.

Pesches vertes seches.

Prenez des pesches & les pelez, ostez les noyaux, puis les mettrez dans un bassin d'eau fraische, aprés faire boüillir de l'eau nette, & comme elle est preste à boüillir vous mettrez vos pesches dedans : quand elles commenceront à boüillir il les faut oster de dessus le feu, puis prendre une terrine & faire un lit de pesches, & aprés faire un lit de sucre en poudre par dessus vos pesches ; puis faire un autre lit de pesches, & aprés un autre lit de sucre par dessus, & ainsi continuer jusques à ce que vos pesches seront finies ; & pour une livre de pesches il faut une livre de sucre, & lors que vous verrez le sucre fondu avec l'humidité des pesches, il faudra oster le sirop dans vos pesches, & le mettre boüillir jusques à ce qu'il devienne comme gelée, puis vous mettrez ledit sirop pardessus vos pesches, & faire la mesme chose trois ou quatre fois ; aprés les oster du sucre & les faire secher comme les cerises.

Autre façon de Confitures seches.

Oranges entieres.

AYez des oranges à confire, & levez-en la petite peau de dessus par petits zestes bien délicatement: mettez les oranges dans une terrine, & les zestes dans une autre: faites boüillir de l'eau de fontaine dans une grande bassine de cuivre rouge: fendez un peu vos oranges à la pointe où estoit la fleur: mettez-les boüillir dans de l'eau environ un petit demy quart-d'heure: tirez-les, & les mettez dans de l'eau fraische: ayez une petite cueilliere d'acier faite exprés, avec laquelle vous tirerez par les fentes ce qui est dans les oranges: les ayant bien nettoyées, mettez-les dans d'autre eau fraische, faites encore boüillir de l'eau, & les mettez dedans de mesme que la premiere fois, environ un demy quart-d'heure. Tirez-les & les remettez encore une fois dans de l'eau fraische: faites aussi encore boüillir de l'eau, & les remettez dedans: Enfin, faites ces changemens par quatre fois consecutives:

Et

Et en suite faites cuire à lisse du plus beau sucre que vous pourrez trouver : Mettez-y vos oranges, aprés qu'elles seront bien égoutées de leur eau : laissez-les boüillir un quart d'heure dans leur sucre ; ostez-les de dessus le feu, & les laissez refroidir. Estant froides, faites-les reboüillir jusques à ce que le sucre soit cuit à souffle : Cela fait, ostez-les de dessus le feu, & les laissez un peu reposer : Estant reposées, tirez-les avec des fourchettes d'argent ; faites bien égoutter le sucre qui est dedans, & les rangez bien proprement sur de la paille bien nette, & elles seront fort belles.

Talladins d'orange, ou oranges en rocher.

Ayez des oranges, pelez-les comme celles dont il est parlé en l'article precedent : fendez-les en quatre, & en ostez le jus. Nettoyez-les jusques à ce que l'escorce en soit bien mince, & coupez-les par talladins, c'est à dire comme des lardons : Mettez-les à mesure dans de l'eau fraische, & les faites cuire comme les precedens dans de l'eau & dans du sucre : dressez-les aussi de mesme, mais tirez-les du sucre avec deux fourchettes, & les mettez par petits rochers sur de la paille bien nette.

Je ne prescrits point icy la quantité de sucre qu'il faut pour les oranges qui precedent, ny pour les citrons qui suivent, parce qu'il en faut tant qu'ils nagent entierement dedans : mais ce qui en reste, peut servir à autre chose.

Zestes d'Orange.

Faites boüillir vos zestes dans quatre eauës differentes, & les remettez autant de fois dans de l'eau fraische, laissez-les sur le feu pendant un quart-d'heure autant de fois que vous les laisserez boüillir : puis vous les confierez & dresserez comme les tailladins.

Citrons.

Pelez-les, & les mettez dans de l'eau, comme les oranges : Coupez-les en telle façon que vous voudrez, & les mettez à mesure dans de l'eau fraische : faites boüillir de l'eau, mettez dedans vos citrons pour cuire, & les y laissez jusques à ce qu'ils commencent à devenir mollets : Estant cuits de la sorte, tirez-les, & les mettez dans de l'eau fraische, puis les faites confire, & les dressez comme les oranges.

Zestes de Citron.

Faites-les cuire & confire de mesme façon que les zestes d'orange.

Les zestes d'orange & de citron, peuvent servir pour la prâline.

Le sucre qui en reste, peut servir à faire de la conserve, du massepain, des prâlines, & des noix vertes.

Gorges d'Anges.

Prenez des laittuës Romaines, qui soient montées ; pelez-les bien, & en ostez les filets : Mettez-les à mesure dans de l'eau fraische, & faites-en boüillir d'autre, dans laquelle vous ferez aussi boüillir vos laittuës, jusques à ce que les piquant avec une espingle, vous l'en retiriez facilement & sans rien attirer de la laittuë. Estant cuittes de la sorte, tirez-les & les mettez dans de l'eau fraisch.

che : faites cuire du sucre, égouttez vos laittuës, & mettez-les dedans ce sucre jusques à ce qu'il soit cuit à perle. Ce qu'estant fait, mettez-les dans une terrine, & les y laissez tremper pendant huit jours: Mettez-les en suite dans une bassine de cuivre, & les faites boüillir jusques à ce que leur sirop retourne à la cuisson de perle : Aprés quoy vous les mettrez dans un pot avec leur sirop ; & lors qu'elles seront froides, vous les couvrirez & mettrez en lieu sec. Quand vous en aurez affaire, tirez-les du sucre, faites-les égoutter ; dressez-les sur des feüilles d'ardoise, & les faites secher dans l'estuve.

A chaque livre de laittuës, il faut une livre de sucre.

L'on peut confire les rejettons de sucre & de brocolis de la mesme sorte.

Abricots verds.

Prenez des petits abricots verds & bien tendres : pelez-les & les faites cuire dans de l'eau chaude sans boüillir, jusques à ce qu'ils commencent à verdir. Tirez-les & les mettez dans de l'eau fraîche. Faites cuire en suite du sucre à lisse, & aprés avoir égoutté vos abricots, mettez-les dans ce sucre, & les y faites boüillir, jusques à ce que le sirop soit cuit à perle : Aprés quoy vous les mettrez dans une terrine, & les y laisserez huit jours ; au bout duquel temps vous les remettrez dans une bassine de cuivre, & les y ferez boüillir jusques à ce que le sirop soit encore une fois cuit à perle : En suite remettez-les encore une fois dans la terrine ; & lors qu'ils seront froids, dressez-les sur des ardoises, & les faites secher dans l'estuve : Retournez-les souvent, jusques à ce qu'ils soient secs, puis les serrez dans des boëtes sur du papier, en sorte qu'ils ne touchent point l'un à l'autre.

Abricots secs.

Mettez-les égoutter & les tournez en oreilles ou en rond, parsemez-les de sucre en poudre, & les mettez secher à l'estuve.

Autre façon.

Prenez les plus fermes & les mettez

égoutter: faites cuire du sucre en conserve, mettez vos abricots dans cette cuisson un peu plus forte, faites-les boüillir dessus le feu & les tirez. Cela fait, glacez-les & les mettez sur de la paille. S'ils ne sont pas bien secs, parsemez-les de sucre en poudre, & les faites secher devant le feu.

Amandes vertes.

Elles s'appreftent de mesme que les abricots, excepté qu'on les pelle dans l'eau chaude, ou les ayant mis sous les bonnes cendres.

Groseilles vertes.

Elles s'appreftent aussi de mesme que les abricots, excepté qu'il ne les faut point peler, mais seulement oster les grains de dedans. Et remarquez qu'il y faut du sucre livre pour livre.

Cerises seches à oreilles.

Ayez de belles cerises, oftez-en ses noyaux, faites-les un peu boüillir avec en peu d'eau, afin qu'elles puiſſent jetter leur jus : faites-les bien égoutter, & en ſuite cuire du ſucre à perle : Mettez vos ceriſes dedans, & les y faites cuire, juſques à ce que leur ſirop ſoit auſſi cuit à perle : Cela fait, mettez-les dans une terrine, & les y laiſſez repoſer huit jours, aprés quoy vous les ferez encore une fois recuire à perle. Eſtant cuites, laiſſez-les refroidir; dreſſez-les ſur des ardoiſes ou oreilles, & les mettez ſécher dans l'eſtuve : Retournez-les tous les jours deux fois ſi elles en ont beſoin, juſques à ce qu'elles ſoient ſeches : Eſtant ſeches, mettez-les dans des boëtes ſur du papier, faiſant un lit de papier, & un lit de ceriſes; & ainſi de ſuite tant que vous en aurez. Mais ſouvenez-vous de les changer auſſi de papier au commencement qu'elles ont eſté ſerrées, au moins tous les quinze jours; & ſi vous les gardez long-temps, & que vous voyez que le papier ſur lequel elles ſont, ſoit moüillé du ſirop qu'elles auront jetté, changez-les pareillement. Remarquez auſſi qu'il faut de meſme changer toutes les confitures ſeches de temps en temps, ſi vous voulez les conſerver, & meſme les mettre quelquefois à l'estuve, quand elles en ont besoin.

Abricots à oreilles.

Prenez de beaux abricots à confire, pelez-les bien délicatement ; ostez-en le noyau, & les mettez à mesure dans de l'eau fraische : faites chauffer de l'eau qui soit preste à boüillir, mettez vos abricots dedans, & les y laissez, sans que l'eau boüille, jusques à ce qu'ils remontent au dessus de l'eau, dont vous les tirerez à mesure qu'ils remonteront, & les remettrez dans de l'eau fraische : d'où en suite aussi vous les tirerez & égouterez : Estant égouttées, mettez-les dans une terrine plate par le fonds : Faites cuire du sucre à perle fort menu, & le versez doucement sur vos abricots : le lendemain versez-en le sirop dans une bassine sans toucher à vos fruits : faites-le recuire à perle, renversez-le encore sur vos abricots, & continuez cette façon pendant huit jours ; au bout desquels, c'est à dire à la derniere fois, il faut mettre vos abricots dans la bassine avec le sirop ; mais comme il pourroit

DE CONFITURE. 153

estre trop cuit, mettez-y un peu d'eau, & les faites aussi un peu boüillir, jusques à ce que le sirop soit cuit à perle : Estant cuit de la sorte, faites-les refroidir, dressez-les, & les faites secher comme les cerises.

Les abricots entiers avec la peau & le noyau, ou par quartiers, se preparent & se font de mesme sorte que les precedens.

Prunes Imperiales sans peau.

Ayez de belles prunes Imperiales : pelez-les délicatement, & à mesure que vous les aurez pelées, mettez-les dans de l'eau fraische. Faites ensuite chauffer de l'eau jusques à ce qu'elle soit preste à boüillir, mettez-y vos prunes, aprés les avoir égoutées de leur eau fraische, couvrez-les & les laissez sur le feu, en sorte que vostre eau ne boüille pas, jusques à ce qu'elles deviennent vertes ; ce qu'estant fait, vous les jetterez & les mettrez dans de l'eau fraische, puis les ferez confire & secher comme les cerises.

Prunes Imperiales avec la peau.

Elles se font de mesme façon que celles sans peau.

Prunes de Perdrigon.

Elles se font de mesme sorte que les Imperiales.

Prunes de l'Isle verte.

Elles se font de mesme façon que les Imperiales, comme aussi toutes les autres sortes de prunes.

Pesches de Corbeil.

Ayez de belles pesches, pelez-les, & les faites cuire & verdir à l'eau comme les prunes Imperiales : faites-les aussi confire de mesme sorte, excepté qu'à la derniere cuisson il faut un peu davantage décuire le sirop avec de l'eau, & enfin achevez-les de mesme que les cerises à oreilles.

Pavis.

Prenez de beaux pavis, pelez-les, & les mettez dans de l'eau fraîche, faites boüillir auſſi de l'eau, mettez vos pavis dedans, & les y laiſſez juſques à ce qu'ils ſoient un peu mollets : Tirez-les, & les remettez dans de l'eau fraîche : faites cuire du ſucre à liſſe : mettez-y vos pavis, & les verſez doucement dans une terrine; ce qu'eſtant fait, laiſſez-les refroidir. Remettez-les dans la baſſine, & les faites boüillir environ demy quart-d'heure, faites cela trois ou quatre fois; mais la derniere, faites cuire voſtre ſirop à perle, & les achevez de meſme façon que les ceriſes à oreilles.

Poires de Rouſſelet.

Prenez des poires de Rouſſelet bien meures, faites-les boüillir à grande eau & à grand feu, juſques à ce qu'elles deviennent un peu mollettes : Tirez-les enſuite & les mettez dans de l'eau fraîche : Tirez-les encore de cette eau, pelez-les bien proprement, & à meſure que vous les aurez pelées, mettez-les derechef dans de l'eau fraîche. Faites cuire du sucre à lisse, égoutez vos poires, mettez-les dedans, & les faites boüillir jusques à ce que le sirop en soit cuit à perle. Versez-les en suite dans une terrine & les laissez refroidir : Versez aussi le sirop dans une bassine, & le faites cuire à perle : Renversez-le sur vos poires, & continuez quatre ou cinq jours de suite, & remettez vos poires & vostre sirop dans la bassine. Que s'il arrive que le sirop ne soit pas assez décuit, & qu'il soit demeuré dans sa consistance de sirop, il y faut mettre un peu d'eau pour le décuire autant qu'il est necessaire, en sorte qu'il puisse boüillir environ demy quart-d'heure, & jusques à ce qu'il soit cuit à perle ; puis remetterez vos poires dans une terrine, les laisser refroidir, les laisser égouter de leur sirop, les dresser sur des ardoises, les faire secher à l'estuve, les retourner & changer tous les jours une fois ou deux, jusques à ce qu'elles soient seches : & enfin les serrer dans des boëtes & sur du papier.

Poires de Muscadet.

Elles se preparent & s'achevent de mesme façon que les poires de Rousselet.

Poires de Blanquette.

Elles se font de mesme que les poires de Rousselet; ce qu'il faut aussi entendre de toutes les poires entieres.

Poires par quartiers.

Fendez-les par la moitié, & les faites boüillir dans de l'eau jusques à ce qu'elles deviennent un peu mollettes : Mettez-les en suite dans de l'eau fraische, & les pelez. Ostez-en les cœurs, remettez-les encore dans de l'eau fraische, & les achevez comme celles de Rousselet.

Pommes par quartiers.

Prenez de belles pommes de Reinette : pelez-les & les fendez par moitié : ostez-en les cœurs & les faites cuire dans de l'eau, jusques à ce qu'elles soient un peu molles : Remettez-les dans de l'eau fraiche, & les faites confire, & achevez de mesme façon que les poires de Rousselet.

Coins par quartiers.

Ils se font de mesme façon que les pommes de Reinette.

Verjus.

Ayez de beau verjus, ostez-en les pepins proprement : faites-le reverdir à l'eau comme les prunes Imperiales, confire & secher comme les cerises à oreilles.

Autre façon.

Faites-le bien égouter, faites cuire du sucre en conserve, & y jettez vostre verjus : mettez-le sur le feu, & luy faites prendre la mesme cuisson qu'il avoit lors que vous l'avez meslé, en sorte que la plume en soit bien forte.

Boutons de Roses secs.

Prenez des boutons de roses, piquez-les de cinq ou six coups de cousteau, & les faites boüillir dix ou douze boüillons dedans l'eau. Prenez du sucre, faites-le fondre, mettez vos boutons de roses dedans, & leur laissez encore prendre huit ou dix boüillons. Pour les mettre à sec, accommodez-les comme les oranges.

Noix.

Prenez des noix, pelez-les au blanc, & les mettez tremper dans de l'eau six jours durant, mais ne manquez pas de les changer d'eau deux fois tous les jours : faites-les cuire aprés aussi dans de l'eau, estant cuites lardez-les d'un clou de girofle, de canelle, & de citron confit : Cela fait, prenez du sucre & le faites cuire, mettez vos noix dans ce sucre ; & les y laissez pendant dix ou douze boüillons, tirez-les, mettez-les égouter & les faites secher.

Pour candir toutes sortes de fruits & de fleurs.

Fleurs d'Orange candites.

PRenez des boutons de fleurs d'orang qui ne soient pas épanoüis : mettez les dans une terrine platte, en sorte qu'il ne soient pas trop pressez : faites cuire de beau sucre à perle, gros & presque à souffle, puis le versez sur vos boutons de fleurs d'orange, en sorte qu'ils y trempent ; cela fait, mettez-les dans une estuve & les y laissez deux fois vingt-quatre heures, parce qu'aprés ce temps ils seront bien candits. Tirez-les & les mettez secher sur de la paille bien nette.

Fleurs de Violettes candites.

Ayez de beaux bouttons de violettes double avec leurs queuës, & les preparez de mesme que ceux de fleurs d'orange.

Fleurs de Genest candites.

Elles se preparent de la mesme façon

DE CONFITURE.

que celles de boutons de fleurs d'orange, & vous pouvez aussi en faire de toutes autres sortes de fleurs de la mesme façon.

Oranges entières candites.

Ayez de belles oranges confites & nouvellement tirées au sec, en sorte qu'elles soient bien transparentes, & point chargées de sucre : faites cuire du sucre à perle, gros & presque à souffle : versez-le dans une terrine platte bien nette, & mettez vos oranges dedans : mais faites en sorte qu'elles ne touchent point l'une à l'autre, & qu'elles soient attachées avec une petite corde par la queuë, ou avec une épingle bien proprement, & qu'elles ne touchent point aussi au fonds de la terrine. Mettez-les en suite à l'estuve, & les achevez comme les boutons de fleurs d'orange.

Abricots candits.

Ayez de beaux abricots candits, ou secs : accommodez-les & les faites candire de mesme façon que les oranges.

O

Pesches candites.

La pesche & toutes sortes d'autres fruits se candissent de mesme façon que les oranges & les abricots.

Des Confitures liquides au sucre.

Cerises liquides.

PRenez deux livres de sucre ou cassonnade que ferez cuire ; & auparavant si vostre sucre ou cassonnade estoient sales, il les faut passer à travers un linge blanc, & remettre ledit sucre dans un poeslon, & le faire cuire en consistance approchante de conserve : Et aprés vous prendrez quatre livres de cerises bien grosses, claires & sans taches, ausquelles il faut couper la queuë, en sorte qu'il en reste un petit bout; puis vous les mettrez dans vostre sucre cuit, & aprés les mettrez sur un petit feu lent, & les laisser cuire en bonne consistance : Et estant cuites vous les mettrez dans vos pots, & ne toucher point vos pots jusques au lendemain matin ; & icelles cerises se garderont toute l'année.

Autre façon de Cerises, qui se garderont encore plus long-temps.

Prenez des cerises des plus belles, claires & sans taches, ausquelles vous osterez les noyaux & la queuë, & puis mettre une framboise dedans, en suite prendre autant de sucre comme de cerises : Mais faut faire cuire vostre sucre premierement à demy cuit, & aprés jetter vos cerises dedans, que ferez boüillir promptement ; & puis tirer du sirop sur le bord d'une assiette, lequel il faut bien écumer, & tant qu'il soit presque en gelée ; & aprés la mettre dans vos pots, & ne les point couvrir jusques au lendemain.

Et si vous en voulez faire avec le noyau qui soient framboisées, prenez des framboises & les passez dans un linge, & y mettre le jus ; & ainsi des groseilles.

Cerises aigres, ou Agriottes liquides.

Prenez deux livres d'agriottes bien

meures, les queuës & noyaux ostez, desquelles vous tirerez le suc, que vous mettrez dans une bassine avec une chopine d'eau, & quatre livres de bon sucre fin rompu par morceaux que ferez cuire en perfection; & puis vous mettrez doucement dedans six livres de belles & bonnes agriottes bien meures & sans taches, les queuës ostées, & non le noyau, que ferez cuire jusques à ce que le sirop soit fait, ainsi que dit est cy-dessus.

Framboises liquides.

Prenez une livre & demie de bon sucre, que ferez cuire dans une poesle avec chopine d'eau jusques à ce que le sirop soit presque fait; puis le tirez du feu, & y meslez aussi-tost avec une livre & demy de framboises verdelettes, c'est à dire plus que demy meures, & les y laisser tremper l'espace de demy heure; & aprés remettez-les sur le feu cuire jusques à ce que le sirop soit cuit comme dessus.

Groseilles nouvelles liquides.

Prenez des Groseilles & les vuidez,

& puis les jetter dans de l'eau fraiche : & pour une livre de sucre faut deux poignées de groseilles ; & aprés prendre de l'eau & la faire boüillir ; & lors qu'elle boüillira jetter vos groseilles dedans, que ferez boüillir dix ou douze boüillons ; & puis vous les tirerez de dessus le feu, que ferez égouter ; & aprés prendre demy quarteron de sucre que mettrez dans un poeslon avec un peu d'eau, & aussi-tost qu'il aura un peu boüilly y jetter vos groseilles dedans, & puis les faire boüillir promptement, & les bien couvrir d'un plat : Et aprés qu'elles auront boüilly, & que vous verrez vostre sucre en conserve, tirez au mesme instant vostre poeslon de dessus le feu, ne le découvrez point, & laissez-les prendre leur vert, & puis vous les tirerez.

Groseilles rouges liquides.

Prenez trois livres de sucre concassé, & trois demy-septiers d'eau que ferez boüillir ensemble, que vous écumerez tres-bien durant la cuisson d'iceluy, & jusques à ce que le sirop soit parfait ; puis vous jetterez dedans trois livres de groseilles rouges égrenées, que ferez aussi cuire jusques à la perfection dudit sirop.

Abricots verts liquides.

Prenez des abricots verdelets, que mettrez dans de l'eau dessus le feu, avec une poignée de cendre gravelée, afin de les peler plus facilement ; & lors qu'ils se peleront vous les osterez de dessus le feu, qu'égoutterez & rafraîchirez promptement ; & puis vous les piquerez & ferez reverdir dedans de l'eau dessus le feu ; & aprés vous les rafraîchirez & mettrez encore égoutter, & puis les mettre dessus le feu moitié sucre & moitié eau, & mettre vos abricots dedans, que ferez cuire deux fois le jour un quart d'heure chaque fois quatre jours durant, & aprés vous les dresserez.

Abricots meurs liquides.

Prenez des abricots meurs que vous pelerez bien délicatement, & ostez le

oyau de dedans, & puis faites boüil-
ir de l'eau & mettre vos abricots de-
ans, & leur donner un petit boüillon
ur le feu; & aprés les oster avec l'écu-
oir, & les mettre dans de l'eau fraîche, puis faire cuire vostre sucre en
conserve; & aprés mettre vos abricots
edans, que ferez boüillir un boüillon
ou deux, & puis vous les dresserez.

Verjus vert liquide.

Prenez du verjus le plus beau que
ous pourrez trouver nouvellement
ueillis, les queuës ostées, que vous
ouperez par moitié avec un cousteau
our en tirer les pepins; puis faire
oüillir de l'eau & jetter vostre verjus
edans, afin de le faire un peu reverdir,
aprés prendre du sucre un peu cuit,
mettre vostre verjus dedans, que fe-
ez boüillir sept ou huit gros boüillons.

Meures liquides.

Prenez douze cens de belles meures,
esquelles vous en prendrez le tiers, qui
ont quatre cens, & choisir les plus

meures pour faire voſtre ſirop, dautant qu'il ne faut pas que celles que vous voulez confire ſoient par trop meures, mais plûtoſt verdelettes; & le tiers d'icelles eſtant preſſé, vous prenez ledit ſirop que mettrez dans un poëſlon avec trois livres de bon ſucre fin, que ferez boüillir dix ou douze boüillons; puis mettre vos meures dedans; & quand elles auront un peu boüilly, tirez-les de deſſus le feu & les laiſſez prendre le ſucre une heure ou deux; & aprés le faire cuire à grand feu juſques à ce que vôtre ſirop ſoit parfaitement cuit.

Prunes liquides.

Prenez quatre livres de prunes verdelettes que vous pelerez, & les piquez en trois divers lieux avec une épingle ou poinçon, & puis prenez quatre livres de ſucre & une pinte d'eau que ferez cuire à demy ſirop, & aprés mettre vos prunes dedans juſques à ce qu'elles ſoient molles, & puis tirez-les de deſſus le feu, que vous laiſſerez tremper dans leur ſirop l'eſpace de quatre ou cinq heures, & aprés les tirer, que vous

vous arrangerez dans des pots de verre, ou de fayance, & puis vous remettrez voſtre ſirop ſur le feu, que ferez cuire en perfection pour en couvrir vos prunes dans vos pots.

Prunes d'Eſlittes vertes, comme Perdrigon, Imperiales, Dattes, & prunes de Damas liquides.

Prenez des prunes, leſquelles vous ferez boüillir ſur le feu dix ou douze boüillons en ſuffiſante eau, & puis les laiſſer refroidir dans l'eau, & bien couvrir voſtre poeſlon, & lors qu'elles ſeront froides vous les tirerez & mettrez égoutter ſur un clayon; & aprés prendre autant de ſucre que de prunes, avec de l'eau, ainſi que deſſus, que vous ferez cuire à demy, puis vous jetterez vos prunes dedans, que ferez cuire juſques à ce que voſtre ſirop faſſe la perle; & aprés les tirer de deſſus le feu, & puis leur laiſſer un peu prendre le ſucre, & en ſuite les parachever juſques à leur parfaite cuiſſon.

Oranges liquides.

Prenez des oranges les plus rouges & les plus vives que vous pelerez & mettrez dans de l'eau fraîsche, & les fendrez par la pointe, & puis les laisser tremper deux jours, & les changer d'eau deux fois le jour; & aprés faire boüillir de l'eau & mettre vos oranges dedans, que ferez cuire à demy, puis vous les vuiderez & ferez reboüillir de l'eau, dans laquelle vous les paracheverez de faire cuire, & estant cuites vous les tirerez & mettrez égoutter, & prendre du sucre à proportion de vos oranges, & y mettre autant d'eau que de sucre, que ferez boüillir à gros boüillons jusques à leur parfaite cuisson, & puis vous les dresserés.

Nota, que les petites oranges vertes se confisent comme les petits citrons, excepté qu'il les faut laisser tremper davantage, & qu'il ne les faut peler ny vuider.

Petit Citrons verts liquides.

Prenez des petits citrons verts gros

comme une noix, & leur donner trois ou quatre coups de la pointe d'un coûteau, puis les mettre tremper dans de l'eau fraîche quinze jours durant, & les échanger d'eau deux fois le jour ; & aprés faire boüillir de l'eau & les mettre dedans sans peler tant qu'ils soient cuits ; & puis faire cuire vostre sucre avec de l'eau, & mettre vos citrons dedans, que ferez cuire de mesme que les oranges.

Et nottez qu'il faut autant de sucre que de citrons.

Citrons entiers liquides.

Prenez des citrons entiers que pelerez jusqu'au blanc, puis les couper par la pointe, & les faire boüillir dans de l'eau jusques à ce qu'ils soient cuits ; & aprés prendre des citrons à proportion de vostre sucre, que vous ferez cuire de mesme sorte que les oranges.

Poncils liquides.

Prenez des poncils que couperez par tranches, & puis les mettre dans de l'eau fraîche avec une poignée de sel blanc, que ferez tremper cinq ou six heures dans ladite eau fraîche; & aprés faites boüillir de l'eau dans un bassin & jetter dedans vos tranches de poncils, que ferez boüillir tant qu'ils soient cuits, puis les tirer & mettre égoutter, & aprés prendre du sucre & de l'eau que ferez boüillir dix ou douze boüillons, & puis mettre vos tranches de ponsils dedans, que ferez cuire tout de mesme que les oranges.

Noix vertes liquides.

Prenez des noix vertes tant qu'il vous plaira, lesquelles vous pelerez & percerez de long & de travers avec un poinçon de bois ; & au mesme instant les jetter dans de l'eau, dans laquelle vous lairez tremper vos noix huit ou neuf jours, les rechangeant d'eau deux ou trois fois le jour, afin d'oster l'amertume ; puis vous les ferez cuire dans d'autre eauë jusques à ce qu'elles soient molles ; & aprés vous les secherez bien avec un linge blanc, puis vous les larderez de clou de girofle, & un petit bafton de canelle délié, avec un petit bafton d'efcorce de citron confit que mettrez dans les mefmes trous auparavant faits avec le poinçon; Et après vous prendrez autant pefant de fucre que de noix, que vous ferez cuire avec un peu d'eau en confiftance de firop commun; & puis vous mettrez vos noix dedans lardées comme deffus, que ferez cuire jufques à ce que voftre firop foit cuit en perfection.

Noix vertes liquides en trois jours.

Prenez des noix vertes que vous pelerez avec un coûteau, que percerez ainfi que deffus avec un poinçon de bois, lefquelles vous jetterez dans de l'eau au mefme inftant, que vous laifferez tremper trois jours entiers; puis on les fera boüillir les changeant d'eau chaque jour fept ou huit fois, & au bout des trois jours faites-les boüillir en eau claire quatre ou cinq boüillons, puis jettez ladite eau & les faites encore reboüillir autant de boüillons dans d'autre eau nouvelle, faifant cela quatre ou cinq fois, afin d'en ofter entierement l'amertume; & aprés qu'elles seront mollettes mettez-les égoutter sur un clayon, & aprés vous les larderez comme les precedentes; & puis prendre autant de sucre que de noix, & aprés prenez vostre sucre avec un peu d'eau que ferez cuire en consistance de sirop commun; & puis vous mettrez vos noix dedans, que ferez cuire jusques à ce que vostre sirop soit cuit en perfection.

Autre façon de Noix vertes liquides, qui se conserveront toûjours blanches, & ce en un jour.

Prenez des noix vertes que pelerés avec un cousteau jusques au blanc, que percerés avec le poinçon de bois, puis vous les laverez en plusieurs eauës; & aprés faites-les boüillir cinq ou six fois, & à chaque fois baillez-leur deux ou trois boüillons dans l'eau boüillante, la rechangeant; puis les larderez ainsi que les precedentes, que ferez cuire comme les autres.

Pavies liquides.

Prenez des pavies meures, que ferez

DE CONFITURE. 173
cuire à grand feu & en grand eau jufques à ce qu'elles foient tendres & molles, parce qu'elles demeurent beaucoup à cuire ; & puis prendre autant de fucre que de fruit, que ferez boüillir deux ou trois boüillons, & pour les achever vous les ferez cuire trois ou quatre fois ; ou bien fi ne voulez en prendre la peine vous les pouvez confire en un mefme inftant fans vous reprendre, & ce jufques à ce que voftre firop foit cuit en perfection.

Pefches liquides.

Prenez quatre livres de pefches prefque meures, que ferez cuire deffus le feu dans de l'eau jufques à ce qu'elles foient tendres & molles, puis les tirer de l'eau, que ferez égoutter fur un clayon : Cela eftant, vous ferez cuire autant de bon fucre fin que de pefches, avec de l'eau felon voftre fucre ; & lorsque le firop fera à demy cuit vous jetterez dedans vofdites pefches, que ferez cuire à petit feu, dautant qu'elles fe romproient par moitié, & ce jufques à ce que voftre firop foit cuit en perfection.

Amandes vertes liquides.

Prenez de l'eau que ferez boüillir sur le feu, dans laquelle vous mettrez une bonne poignée de cendres gravelées, que remuërez fort avec une spatule; puis jetter vos amandes dedans, afin qu'elles se pelent plus facilement; & aprés qu'elles seront pelées vous les laverez bien, & puis leur donnez encore derechef un boüillon sur le feu; & aprés mettez-les dans un sirop à demy liquide que vous aurez preparé, dans lequel vous ferez cuire vos amandes, jusques à ce que vostre sirop soit parfaitement cuit.

Cus d'artichaux liquides.

Prenez des cus d'artichaux & les pelez tout à fait, & ostez le foin de dedans, & puis faites boüillir de l'eau, & mettez-les dedans jusques à ce qu'ils soient bien cuits, puis vous prendrez du sucre que ferez boüillir quatre ou cinq boüillons avec un peu d'eau, & puis mettre vos cus d'artichaux dedans,

que ferez cuire ; & aprés vous leur laiſſerez prendre le ſucre, puis vous les mettrez égoutter, & aprés vous les tirerez
comme les oranges.

Poires de muſcat liquides.

Prenez des poires de muſcat que ferez boüillir dans de l'eau, & puis les
peler & les mettre en bouquets ; & aprés
faire cuire du ſucre à demy liquide, &
puis vous mettrez vos poires de muſcat
dedans, juſques à leur parfaite cuiſſon.

Poires de Rouſſelet liquides.

Prenez trois livres de ſucre que ferez
fondre & boüillir un boüillon dans trois
demy-ſeptier d'eau, puis vous jetterez
dedans trois livres de poires de Rouſſelet
pelées, & les pepins oſtez & coupées par
moitié, qui auront eſté preparées, &
les faire cuire comme les peſches.

Coins liquides.

Prenez des coins les plus jaunes, &
plus unis, puis les peler & en prendre

les pelures & les pepins, & en faire une décoction, & aprés vous la passerez dans une serviette ou estamine; puis vous mettrez vos coins dedans avec de l'eau, s'il n'y a pas assez de décoction; & aprés vous mettrez vos coins dedans, & puis y mettre vostre sucre que ferez cuire jusques à ce que vostre sirop soit cuit en perfection.

Pommes vertes liquides.

Prenez des pommes vertes sans amertume qu'il faudra peler, leur laissant la queuë, & puis les fendre un petit; & aprés les mettre dans un sirop à demy liquide, que ferez cuire jusques à ce que ledit sirop soit cuit en perfection.

Autre façon de Confitures liquides.

Abricots vers liquides.

AYez des abricots verds bien tendres, pelez-les; & à mesure que vous les aurez pelez, mettez-les dans de l'eau fraîche. Faites ensuite chauffer de l'eau, mettez-les dedans; & les laissez sur un petit feu, jusques à ce qu'ils commencent à verdir. Tirez-les de dessus le feu, & les laissez refroidir dans leur eau : Estant refroidis, remettez-les dans de l'eau fraîche : faites cuire du sucre à lisse & mettez-y vos abricots, que vous aurez fait égoutter auparavant aprés les avoir tirez de leurs eaux : faites-les un peu boüillir, tirez-les & les laissez aussi un peu refroidir, remettez-les sur le feu, & laissez-les boüillir jusques à ce que le sirop en soit cuit à perle: Mettez-les dans des pots de grets ou de fayance, & les couvrez bien quand ils seront froids.

Abricots meurs liquides.

Prenez telle quantité d'abricots que vous voudrez, pelez-les le mieux & le plus proprement que vous pourrez, faites boüillir de l'eau, jettez-y vos abricots, & leur donnez un petit boüillon : Ostez-les ensuite & les mettez dans de l'eau fraîche, faites cuire du sucre en façon de conserve, passez dedans vos abricots, & les faites boüillir un boüillon ou deux. Mettez-les en l'estuve, & les y laissez jusques au lendemain matin, entretenant toûjours un petit feu deſſous.

Autre façon.

Ayez de beaux abricots qui ne faſſent que commencer à meûrir, prenez-les bien délicatement & en oſtez le noyau : mettez-les à meſure dans de l'eau fraîſche, & faites-en chauffer preſque à boüillir : mettez-y vos abricots, & les y laiſſez ſans toutefois boüillir juſques à ce qu'ils remontent ſur l'eau ; tirez-les à meſure & les mettez dans de l'eau fraîſche. Faites cuire du ſucre à perle : égouttez bien vos abricots, & les mettez dans ce ſucre, faites-les boüillir à gros boüillons, & les écumez bien : oſtez-les de deſſus le feu, & laiſſez-les refroidir. Remettez-les encore ſur le feu, écumez-les bien & les faites boüillir juſques à ce que le ſirop en ſoit cuit à perle gros : Tirez-les & les mettez dans des pots.

Abricots avec la peau & le noyau.

Accommodez-les de meſme façon que les autres, excepté qu'il ne faut ny les peler, ny en oſter les noyaux.

Amandes vertes liquides.

Elles se font de mesme que les abricots, excepté qu'il les faut peler dans de l'eau chaude avec de la gravelée, ou de l'eau chaude pure.

Groseilles vertes liquides.

Elles se font de mesme façon que les abricots, excepté qu'il ne les faut point peler, mais en oster les grains de dedans.

Cerises liquides & sans noyau.

Ayez de belles cerises à confire & bien meures, ostez-en les queuës & les noyaux : faites cuire du sucre à souffle, & mettez vos cerises dedans, faites-les boüillir à grand feu, & les écumez avec grand soin : cela estant fait, tirez-les dessus le feu, & les laissez refroidir. Remettez-les derechef sur le feu, & les faites boüillir à gros boüillons : ostez-les aussi encore de dessus le feu, & les écumez, s'il est necessaire. Serrez-les dans des pots, & les couvrez bien quand elles seront froides.

Framboises liquides.

Ayez de belles framboises, fort peu meures, & bien entieres: ostez-leur les queuës, & les mettez dans une terrine platte par le fonds: faites cuire du sucre à souffle, & le versez sur vos framboises: Laissez-les ensuite refroidir & les versez bien doucement dans une bassine: faites-les boüillir & les écumez, jusques à ce que le sirop en soit cuit à perle. Dressez-les dans des pots & les couvrez lors qu'elles seront froides.

Groseilles rouges liquides.

Ayez de belles groseilles rouges, & épluchez bien leurs queuës: faites cuire du sucre à souffle, & mettez vos groseilles dedans: faites-les bien boüillir & les écumez: ostez-les de dessus le feu, & les laissez refroidir: remettez-les encore sur le feu, faites-les boüillir, & les écumez, jusques à ce que le sirop en soit cuit presque en gelée: ce que vous reconnoîtrez lors que trempant une cueilliere dedans, elle rougira. Cela estant, ostez-les de dessus le feu, écumez-les encore s'il est necessaire & les dressez dans des pots que vous couvrirez lors qu'elles seront froides.

Noix blanches liquides.

Ayez de belles noix vertes, & bien tendres, pelez-les jusques au blanc, en sorte qu'il n'y demeure point en tout de verd : Mettez-les à mesure dans de l'eau fraîche ; faites-les ensuite boüillir à gros boüillons, jusques à ce qu'en les piquant avec une lardoire, ou avec une épingle, elles retombent toutes seules, sans tenir ny à la lardoire, ny à l'épingle. Tirez-les alors, & les remettez dans de l'eau fraîche. Pressez-les par le mitan, mettez-y du clou de girofle, ou de la canelle coupez par petits morceaux, ou mesme de l'escorce de citron. Faites cuire du sucre à lisse, dans lequel vous jetterez vos noix : faites-les bien boüillir, & les laissez reposer environ demy-heure. Remettez-les ensuite sur un grand feu, jusques à ce que le sirop en soit cuit à perle, & les ferés comme les autres confitures.

Si vous en voulez avoir de ſeches, prenez de celle-cy, faites-les égoutter de leur ſirop, dreſſés-les ſur des ardoiſes, & les faites ſecher à l'eſtuve comme les autres confitures ſeches.

Meures liquides.

Ayés de belles meures un peu vertes, oſtez-leur les queuës, & les faites confire comme les ceriſes liquides.

Prunes Imperiales liquides.

Prenez de belles prunes Imperiales, qui ne commencent qu'à meurir: Pelés-les & les mettés dans de l'eau fraiſche, faites chauffer de l'eau preſque à boüillir, & mettez vos prunes dedans: Laiſſez-les ſur un petit feu, juſques à ce qu'elles commencent à verdir: cela fait, oſtés-les de deſſus le feu, & les laiſſés refroidir dedans leur eau: eſtant froides, tirés-les & les mettés dans de l'eau fraiſche. Faites cuire du ſucre à ſouffle, & y mettés vos prunes, que vous avés tirées & égoutées de leur eau. Faites-les boüillir à grand feu, & les écumés: Cela auſſi fait,

fait, ostés-les du dessus le feu & les laissés refroidir. Remettés-les ensuite encore sur le feu, & les faites boüillir jusques à ce que le sirop en soit cuit à perle. Tirés-les & les dressés dans des pots, que vous n'oubliés pas de couvrir, lors qu'elles seront froides.

Toutes sortes de prunes se font de la mesme façon, hormis celles de Damas rouge, lesquelles il faut faire blanchir dans de l'eau boüillante, & tirer lors qu'elles commencent à amollir ; enfin les achever comme les Imperiales.

Poires de Rousselet liquides.

Ayés de belles poires de Rousselet bien meures : faites-les boüillir à grand feu & à grande eau, jusques à ce qu'elles deviennent mollettes, tirés-les & les mettés dans de l'eau fraische : pelés-les & jettés-les à mesure dans d'autre eau fraische. Faites cuire du sucre à lisse, mettés vos poires dedans, que vous ferés bien boüillir & écumer. Cela fait ostés-les de dessus le feu, & les laissés refroidir : Estant froides, faites-les boüillir, jusques à ce que le sirop en soit cuit à perle gros. Mettés-les dans des pots, & les couvrés lors qu'elles seront froides.

Poires de muscat liquides.

Les poires de muscat & toutes sortes de poires entieres, s'apprestent de mesme sorte que celles de rousselet. Remarquez aussi que les poires par quartiers se font de mesme façon que les mesmes poires de rousselet, excepté qu'il les faut fendre par quartiers ou par moitiées, avant que de les mettre cuire à l'eau, puis les achever comme les autres.

Pesches de Corbeil.

Prenez des pesches un peu vertes : pelez-les & en ostez les noyaux, mettez-les à mesure dans de l'eau fraische, faites-en boüillir d'autre, mettez vos pesches dedans & les y faites boüillir à petit feu jusques à ce qu'elles commencent à verdir. Cela estant, ostez-les de dessus le feu, & les laissez refroidir. Mettez-les ensuite dans de l'eau fraische : faites cuire du sucre à perle, dans lequel vous mettrez vos pesches aprés les avoir tirées & égoutées de leur eau, faites-les boüillir & les écumez bien, ostez-les aprés de dessus le feu & les laissez refroidir : estant froides remettez-les encore sur le feu, & les laissez boüillir jusques à ce que le sirop en soit cuit à perle : & tout cela fait, tirez-les, mettez-les dans des pots, & les couvrez lors qu'elles seront froides.

Muscat liquide.

Ayez de beau muscat un peu verdelet, ostez-en la peau & les pepins : faites cuire du sucre à perle, mettez dedans vostre muscat, couvrez-le bien, laissez-le un peu boüillir, & ensuite refroidir. Remettez-le sur le feu, & le faites boüillir jusques à ce que le sirop en soit cuit à perle. Enfin mettez-le dans des pots, & le couvrez lors qu'il sera froid.

Vous le pouvez faire de mesme, sans en oster la peau.

Verjus liquide.

Prenez de beau verjus à confire, qui ne commence qu'à meurir : pelez-le & en ostez les pepins. Faites chauffer de l'eau presque à boüillir, mettez vostre verjus dedans, & l'y laissez avec petit feu, jusques à ce qu'il commence à verdir. Laissez-le ensuite refroidir dans son eau: estant froid, tirez-le, mettez-le dans du sucre un peu cuit, faites-le boüillir sept ou huit gros boüillons, & le tirez.

Coins liquides.

Ayez des coins bien meurs: coupez-les par moitié, ou par quartiers: pelez-les & en ostez les cœurs: Mettez-les à mesure dans de l'eau fraîche, faites-en boüillir d'autre, mettez-y vos coins & les remettrez dans de l'au fraîche. Faites cuire du sucre à lisse, & y ayant mis vos coins, faites-les boüillir à petit feu, & les couvrez si vous voulez qu'ils soient bien rouges: ostez-les quelquefois de dessus le feu, & les y remettez aprés qu'ils se seront un peu reposez de fois à autres, jusques à ce que le sirop en soit cuit presques en gelée. Cela fait, mettez-les dans des pots, & les couvrez lors qu'ils seront froids.

Remarques à faire sur les Confitures tant seiches que liquides.

Tous les fruits que l'on veut confire de l'une ou de l'autre de ces façons, sçavoir seches ou liquides, doivent estre un peu verds, & cueillir environ le temps qu'ils commencent à meurir, excepté les groseilles, les cerises, les poires, & les coins; car ces derniers doivent estre bien meurs & confits proprement & à grand feu, excepté les coins qui ne desirent qu'un petit feu, aussi bien que les fruits qui doivent estre verdis.

Les fruits verds doivent estre cuits dans l'eau à petit feu, dans laquelle vous pouvez mettre un peu de vinaigre pour les faire verdir plus proprement : mais lors qu'ils sont dans le sucre, il faut les dépescher & à grand feu.

A chaque livre de fruit, il faut une livre de sucre, excepté aux cerises, à la livre desquelles il en suffit une demy livre ou trois quarterons au plus : mais aux coins il en faut cinq quarterons pour chaque livre.

Toutes les Confitures doivent estre

dans un lieu temperé, ny trop chaud, ny trop humide, pour estre bien conservées.

Des gelées de fruit.

Pour faire de la gelée de Groseilles.

PRenez des groseilles que vous presserez & passerez dans un gros linge neuf, & sur une pinte de jus vous y mettrés trois quarterons de sucre que ferés cuire un peu auparavant, & aprés y mettre vostre jus jusques à ce qu'il soit entierement cuit ; & pour le reconnoistre mettés-en sur une assiette, & si vostre gelée s'éleve, c'est signe qu'elle est cuite.

Gelée de Verjus.

Prenez du verjus & le faites boüillir un boüillon dans de l'eau, & puis passés-le ainsi que dit est, & aprés faites cuire des pommes & y mettés un peu de la décoction, & sur une pinte de jus faut y mettre trois quarterons de sucre que ferés cuire ainsi que dit est.

Gelée de Cerises.

Prenez des cerises ou agriottes choisies & bien meures, & ostés les queuës & noyaux, puis vous les passerés au travers d'un linge bien net, ou bien par la presse, & sur une pinte de jus y mettre trois quarterons de sucre en poudre ; & puis mettre le tout dans un poeslon cuire à petit feu jusques à ce que vostre gelée soit cuitte.

Gelée de Coins.

Prenés des coins bien meurs & des plus jaunes que nettoyerés de leurs pepins, & puis les coupés par petits quartiers sans peler, & à mesure que les nettoyerés jettés-les promptement dans un bassin plein d'eau, d'autant que dés aussi-tost qu'ils sont couppés, ils deviennent noirs, que vous ferés cuire en suffisante eauë, jusques à ce qu'ils viennent en paste. Puis passés-les par un gros linge neuf, & puis mettre dans cette décoction le tiers du sucre en poudre pesant contre vostre décoction que vous ferés boüillir sur un petit feu mediocre tant qu'elle soit bien consommée, & lors faites un petit feu de crainte qu'elle ne se brusle aux costés, qui causeroit une mauvaise odeur à vostre gelée; & pour connoistre quand elle sera bien cuitte faut prendre une cüeilliere d'argent, ou autre, & en prendre un peu, & si elle est bien gluante à la cueilliere, aussi-tost la faut tirer de dessus le feu, & la mettre dans des pots ou autres vaisseaux bien proprement.

Gelée de Pommes, Poires, Pesches, & autres fruits.

Prenés demy livre de sucre pour quelque fruit que ce soit, avec une pinte d'eau que ferés boüillir ensemble, & puis découper vostre fruit & le mettre boüillir; & sur une pinte d'eau il y faut mettre la moitié d'un demy-septier de vin clairet bien couvert pour la faire rouge; & pour la faire blanche il n'y faut rien mettre, ny mesme de ne la point couvrir, afin qu'elle demeure bien claire; & pour connoistre si elle est bien cuite, il en faut mettre un peu sur une assiette, & lors que vostre gelée la quittera, & qu'elle ne

tienn

DE CONFITURE.

tienne point à icelle, c'est signe qu'elle est cuite.

Gelée de Framboises, Grenades, & Groseilles blanches & rouges.

Prenez le jus de ces fruits & les tirez ainsi que j'ay declaré cy-dessus en la façon de tirer les sucs ou jus des fruits, & sur une pinte de jus y mettre demy livre de sucre, & puis faire cuire vostre gelée promptement jusques à sa parfaite cuisson.

Gelée de pommes.

Prenez quantité de pelures de pommes que mettrez dans un poeslon, lesquelles vous ferez boüillir dans du vin qui soit bien clair, puis les passer à travers un gros linge en trois doubles. Et aprés faites boüillir vostre décoction en telle quantité de sucre que vous voudrez faire de gelée; & quand vostre sirop commencera à cuire regardez-le avec une cueilliere; que si vostre gelée quitte la cueilliere, c'est signe qu'elle est cuitte, & aprés vous la tirerez & mettrez dans des boëtes bien proprement,

R.

Nota, que les pommes de Reinettes se font de mesme, excepté qu'il ne les faut pas couvrir & les faire cuire promptement pour les blanches, & pour la faire rouge la faut couvrir & y mettre un peu de vin clairet bien couvert.

Gelées d'Oranges.

Faut éplucher le dedans de l'orange sans pepins & sans peau, & y adjoûter la moitié de pommes, ou plus, & les faire cuire au bain marie; puis aprés les passer, & y mettre trois quarterons de sucre pour livre, & faire cuire vostre sucre en conserve, & mettre le tout ensemble sur le feu.

Marmelade de gelée d'Orange.

Prenez des oranges, & aprés que la peau sera ostée, les couper par tranches pour oster les pepins, puis les mettre boüillir au bain marie deux bonnes heures; & quand vous les tirerez pour faire vostre gelée, il faut prendre le plus clair de ce qui en sortira, & puis prendre autant de sucre que vous aurez de liqueur, que ferez cuire en conferve, & aprés vous y mettrez voftre liqueur, que ferez boüillir à difcretion ; & du refte pour la marmelade vous la pafferez dans une eftamine ; & fi vous avez une livre de fruit, il y faut adjoûter demy livre de marmelade de pommes ; il faut faire un firop & prendre autant pefant de fucre que de fruit, que ferez cuire en conferve, puis mettre voftre fruit dedans, & faire boüillir le tout enfemble jufques à ce que tout foit bien meflé.

Autre Gelée de toutes fortes de fruits.

Prenez telles fortes de fruits que vous voudrez : coupez-les par morceaux, & les faites cuire dans de l'eau plus ou moins à proportion de la dureté ou tendreur du fruit. Eftant cuits, paffez-les dans un linge bien blanc & bien fort, & en tirez le plus de décoction que vous pourrez. Mettez cette décoction dans un poeflon ou baffine, avec un peu d'eau & une livre de fucre. Faites cuire le tout enfemble jufques à ce que voftre elée foit toute formée. Ce que vous ourrez reconnoiftre, fi prenant de vôtre composition dans une cueilliere, & la renversant elle tombe par gros morceaux & non pas en coulant ou filant; vous la pouvez aussi mettre sur une assiette, & observer si elle n'y coule point. Estant ainsi cuite tirez-la & la dressez.

Remarquez que toute sorte de gelée rouge & verte doit cuire à petit feu, & estre couverte en cuisant : mais que la blanche doit cuire à grand feu, & estre découverte.

Remarquez aussi qu'il faut plus de sucre aux coins qu'aux autres fruits.

Gelée de groseilles.

Prenez des groseilles, pressez-les & les passez dans une serviette : mesurez le jus que vous en tirerez, & sur une pinte mettez trois quarterons de sucre : faites-le cuire, meslez le tout & le faites aussi cuire ensemble, vous connoistrez que vostre composé est cuit, en mettant sur une assiette, & voyant qu'il se leve sans tenir dessus.

Gelée de Framboises.

Elle se fait de mesme que celle de groseilles.

Gelée de Verjus.

Prenez du verjus & luy donnez un boüillon dedans l'eau, passez-le dans un gros linge, & faites cuire des pommes, meslez-en de la décoction avec vostre verjus, & faites le reste comme dessus.

Gelée de Cerises.

Elle se fait de mesme que celle de verjus.

Gelée de pommes.

Faites une décoction de pommes, passez-la dans une serviette ; & sur une pinte de cette décoction, mettez trois quarterons de sucre ou environ, &c.

Gelée de Coins.

Faites semblablement une décoction de vos coins & la mettez aussi un peu rougir, passez-la dans une serviette, & la mettez au sucre comme les autres.

Cotignacs & Marmelades.

Prenez tel fruit qu'il vous plaira, coupéz-le par quartiers & les faites cuire: estant cuit, faites-le égoutter & passer au travers d'une passoire de cuivre ou d'un tamis de crain. Faites cuire une livre de sucre à souffle: estant cuit, tirez-le de dessus le feu, & y mettez une livre de marmelade: aprés quoy laissez-la refroidir. Estant froide, dressez-la sur une assiette, & la ramagez comme la paste de Gennes.

Elle peut aussi servir à faire des tourtes couvertes ou glassées.

Des Cotignats.

Pour faire du Cotignac.

PRenez trois ou quatre livres de Coins que pelerez & nettoyerez de leurs pepins hachez par morceaux, & les faites cuire à demy en suffisante eau; & aprés mettre autant de sucre que de coins dans ladite eauë; & si vous voulez le faire bien rouge, il le faut faire cuire à petit feu, & les laisser boüillir jusques à ce que leur cuisson soit un peu forte, & puis les mettre sur une passoire, & avec un pilon de bois les bien petrir; & aprés les mettre dans la poesle, & les manier sur le feu avec une spatule de bois large jusques à ce que vous commenciez à voir en remuant le cul de la poesle; & alors il les faudra oster de dessus le feu, & les mettre dans des boëtes de sapin.

Pour faire Cotignac d'Orleans.

Prenez quinze livres de coins, ou moins, selon que desirerez en faire, & trois livres de sucre cassé, & deux quartes d'eau, ou trois pintes, & puis couper tous lesdits coins par quartiers, que vous pelerez & nettoyerez de leurs pepins, que ferez boüillir tres-bien; & aprés qu'ils seront en paste les oster de dessus le feu, & puis les passer dans une toile neufve & nette, afin de les bien presser, & aprés jetter ce qui sera pressé, (pour n'estre bon) & prendre ce qui sera sorty de vos coins & le mettre dans un bassin avec quatre livres de sucre dedans, & faire

R iiij

le tout bien boüillir: Et pour connoiſtre quand voſtre cotignac ſera cuit, vous en prendrez avec une cueilliere que mettrez deſſus une aſſiette, & lors que le verrez élever deſſus l'aſſiette promptement, vous le mettrez dans des boëtes, ou autres vaiſſeaux de fayance bien nets.

Autre façon de Cotignac.

Prenez des coins qui ſoient un peu verdelets, que pellerez & ferez bien boüillir dans un chauderon avec de l'eau en quantité, juſques à ce qu'ils viennent à crever, puis vous les paſſerez par un tamis, ou par une toile bien groſſe & nette, afin qu'il n'y demeure que le marc que l'on jettera; & pour ſix livres de poulpe de coins paſſez par le tamis ou toile, vous prendrez trois livres de ſucre en poudre, ou davantage s'il en eſt de beſoin, & puis mettre le tout dans un grand chauderon, & les faire cuire à petit feu de charbon, le mouvant tres-bien avec la ſpatule de bois large, de crainte qu'il ne ſe bruſle, tant que le tout ſoit bien cuit, & que vous reconnoiſſiez que ledit cotignac ne tienne plus au

DE CONFITURE. 199
hauderon, ny à la spatule, qui est le signe de sa parfaite cuisson : Et si vous y voulez adjoûter des espices, comme de la canelle, clouds de girofle, noix, muscade & macis, il les y faudra jetter & mesler sur la fin de sa cuisson avec ladite spatule ; & aprés estant refroidy vous le mettrez dans des boëtes de sapin.

Autre façon de Cotignac.

Prenez des coins choisis comme est dit cy-dessus, que couperez en quartiers sans rien oster, puis vous les ferez cuire dedans de l'eau jusques à ce qu'ils crevent ; & aprés vous les passerez par une toile bien forte & nette, afin qu'il ne sorte rien que le plus subtil des coins, qui sera fort clair, jettant le marc, & mettre autant de sucre que de poulpe de coins, & puis le faire cuire en sirop parfaitement cuit ; & lors qu'il sera froid vous le mettrez dans des boëtes.

Nota, que l'on fait d'une sorte de cotignac qui est fort rouge, le faisant de la seule décoction de l'escorce & semence de coins en eau avec autant de sucre ; & aprés on fait cuire le tout en consistance de sirop parfaitement cuit ; & aussi-tost qu'il est refroidy vous le mettrez dan des boëtes.

Et faut notter aussi qu'en cuisant ledit cotignac on couvre la bassine ou chauderon, afin que le cotignac en soit plus rouge & plus admiré par cette couleur, de façon que plusieurs ne le pouvans pas faire si rouge comme ils voudroient, recourent au suc de coins pour le rendre tel.

Pour faire de gros Cotignac.

Prenez des coins que pelerez & couperez par morceaux, & oster les pierres, & puis vous les mettrez au sucre, & prendre autant de sucre que de coins; & mettre sur une livre de sucre demy-septier d'eau, & aprés faire boüillir le tout ensemble, tant qu'ils soient bien mollets; & puis vous les passerez dans un clayon, & aprés vous les mettrez dans un poeslon dessus le feu, que ferez cuire en le remuant avec la spatule, tant qu'il quitte le poeslon, c'est à dire que vostre cotignac soit épaix, & aprés vous le mettrez dans des boëtes bien proprement.

DE CONFITURE. 201

Notez que pour la conservation de
ostre cotignac il faudra mettre vos
boëtes à l'air durant quatre ou cinq
ours aprés qu'il sera dans vosdites boëtes,
& non au soleil, afin qu'il seiche & demeure ferme & solide.

Notez aussi que ledit cotignac se doit
servir à la fin du repas.

Autre Cotignac d'Orleans.

Prenez quinze livres de coins, trois
livres de sucre & deux pintes d'eau, faites boüillir le tout ensemble: estant bien
cuit, passez-le peu à peu dans une serviette & en tirez ce que vous pourrez:
mettez en suite vostre décoction dans un
bassin avec quatre livres de sucre, & faites-la cuire : Pour sçavoir si elle est cuite,
essayez-en sur une assiette, & si elle se
leve, hastez-vous de la retirer de dessus
le feu, & la serrez dans des boëtes ou ailleurs.

Le Cotignac épais.

Faites fondre une livre de sucre avec
un demy-septier d'eau: mettez-y une livre
de marmelade de coins, remuez le tout

ensemble avec un peu de canelle, & le faites cuire comme la gelée. Estant cuit, dressez-le dans des boëtes de sapin : Mais souvenez-vous de le remuer souvent, de peur qu'il ne brusle au fonds.

Si vous le voulez bien rouge, ayez un peu de cochenille dans un linge, mettez-le cuire dans vostre cotignac, ou un peu de gros vin.

Autre façon.

Si vous ne le voulez pas si épais, prenez une pinte de décoction de coins, mettez-y une livre & demie de sucre, & une demy livre de marmelade, & faites-la cuire comme la precedente.

Amande à la Prasline.

Ayez une livre de belles & grosses amandes, épluchez-en bien les ordures & la poussiere, faites cuire une livre de sucre à perle, mettez-y vos amandes, & les laissez boüillir jusques à ce que le sucre en soit cuit à souffle, les remuant quelquefois avec la spatule; Estant cuites, tirez-les de dessus le feu, & les reez encore avec la spatule jusques à ce 'elles soient seches. Versez-les dans plat, ostez-en les petits morceaux de cre, remettez-les dans le poeslon & sur feu, jusques à ce qu'elles jettent un tit sirop, que l'on nomme ordinaire- ent *Huile*; mettez-y petit à petit ce qui ura resté de sucre dans vostre plat, & s laissez refroidir dans le poeslon toû- urs en remuant.

Autre Prasline de violette.

Ayez des fleurs de violette bien éplu- chées de leurs boutons : prenez-en envi- ron quatre onces, faites cuire du bon su- cre à souffle, tirez-le de dessus le feu, & y meslez une demy livre d'amandes à la Prasline & vos fleurs de violette. Re- muez le tout ensemble & le mettez sur de la paille bien nette. Elles s'attache- ront aux Praslines, & seront fort belles & fort bonnes.

Prasline de roses.

Prenez des feüilles de roses, hachez- les par petits morceaux, & les accommodez comme les fleurs de violettes.

Prasline de genest.

Prenez des fleurs de genest & les accommodez de mesme que les fleurs de violettes.

Prasline d'orange.

Ayez environ demy livre de zestes d'orange, qui soient cuits à l'eau, comme il est dit cy-devant : Faites-les confire avec trois quarterons de sucre, jusques à ce qu'il soit cuit à souffle, & achevez vos zestes, comme les fleurs de violettes.

Prasline de citron.

Elle se fait de mesme que celle d'orange.

Amandes de Languedoc frites.

Mettez dans de l'eau des amandes bien pelées, faites-les égoutter & les mettez dans un bassin avec beaucoup de sucre en poudre. Faites chauffer de l'huile dans un poeslon, comme pour frire : faites-y cuire vos amandes jusques à ce qu'elles paroissent un peu dorées, tirez-les avec l'escumoire & les dressez sur du papier avec la cueilliere, comme de la conserve.

Néfles de Dauphiné.

Ayez des nefles molles, coupez-en les fleurs & les queuës. Faites fondre du beurre dans une poesle, fricassez vos nefles, & les ayant tirées, mettez dessus un peu de fleurs d'orange & de sucre en poudre.

Beurres, Cresmes, & Laittages.

Beurre d'amandes.

PElez & pilez environ quarante amandes douces : Mettez environ demy livre de bon beurre frais, quantité de sucre en poudre, & un peu d'eau de fleurs d'orange, pilez le tout ensemble, passez-le à la seringue avec le fer rond à petits trous, & le dressez sur une assiette.

Beurre de pistaches.

Il se fait de mesme que celuy d'amandes, toutefois si vous le voulez rouge, mettez-y un peu de sinabre en poudre : si vous le voulez verd, mettez-y du jus de poirées, preparé comme il est dit au discours de la conserve de pistaches.

Beurre filé & frizé.

Prenez une serviette bien blanche, bien fine & bien forte : attachez-la par deux bouts à un crampon de fer, noüez les deux autres en sorte que l'on puisse mettre un baston entre la serviette & le nœud : mettez une livre ou demy livre de bon beurre dans la serviette, & dessous une terrine qui recevra le beurre sortant de ladite serviette en la tournant & serrant : Cela fait, ramassez-le & le dressez sur une assiette.

Cresme en roche.

Mettez dans une grande terrine une chopine de cresme bien douce : ayez une poignée de branches d'ormeaux bien pelées & arrangées : foüettez bien vostre cresme, & y meslez quantité de sucre en poudre, & une pinsée de gomme d'adragan

gan, jusques à ce qu'elle devienne épaisse comme du beurre, dressez-la par morceaux sur une assiette, elle se leve aussi haute que l'on veut, & demeure deux jours en mesme estat sans qu'il y ait du sucre dessus.

Cresme de Sedan.

Mettez dans une terrine une chopine de cresme, un demy-septier de lait doux, & environ demy livre de sucre cassé par morceaux: foüettez-la une bonne demy-heure, en sorte qu'elle soit épaisse de six doigts, & bien ferme: dressez-la sur une assiette & sur une cueilliere, sans mettre de sucre dessus.

Cresme de saint Gervais de Blois.

Mettez dans une terrine une chopine de cresme, foüettez-la cinq ou six coups: mettez-y quantité de sucre en poudre, foüettez-la derechef encore autant, & y mettez une pinsée de gomme d'adragan en poudre: foüettez-la encore une fois cinq ou six coups: dressez-la dans un plat ou sur une assiette creuse, avec du sucre dessus.

S

Crefme de Bordeaux.

Prenez des fromages en crefme qui ne foient point falez, pilez-les & les délayez dans une grande terrine ou baffine : jettez deffus doucement & de haut, une grande cruchée d'eau fraîche, & remuez toûjours avec le pilon ou le rouleau. Le tout ayant un peu repofé, levez vos fromages de deffus l'eau, & les dreffez fur une affiette. Vous pouvez auffi vous fervir de la feringue.

Crefme blanche.

Faites boüillir dans un poeflon une pinte de bon laict, mettez-y un bon morceau de fucre, & ayez deux blancs d'œufs frais, foüettez-les & les mettez avec un peu d'eau de fleurs d'orange dans voftre laict, que vous remuërez toûjours jufques à ce qu'il foit un peu épais : cela fait laiffez-le refroidir, & le paffez par une paffoire bien déliée, preffez ce qui demeurera dans la paffoire & vous en fervez : il eft fort délicat.

Cresme de laict d'amandes.

Pelez & pilez une livre d'amandes douces, comme pour faire du maſſepain : en les pilant arroſez-les de laict bien frais : eſtant pilées, verſez deſſus une pinte de laict, remuez bien le tout enſemble : mettez-le dans un poeſlon ou dans un pot, faites-le chauffer preſt à boüillir : paſſez-le dans un linge, & le preſſez bien. Prenez le laict qui en ſera ſorty, mettez-le dans un poeſlon avec un bon morceau de ſucre, faites-le boüillir juſques à ce qu'il devienne un peu épais : mettez-y un peu de fleurs d'orange : après cela mettez voſtre creſme ſur une aſſiette, & la ſervez froide.

Cresme pour faire des tourtres de laict d'amandes.

Faites voſtre creſme de meſme façon que la precedente : mais lors qu'elle boult, meſlez-y ſix jaunes d'œufs bien délayez, & un peu de beurre frais : Faites-la cuire comme de la boulie, remuez-la toûjours en cuiſant, & lors qu'elle sera froide, mettez-la dans une abbaisse, & la garnissez si vous pouvez d'écorce de citron.

Cresme de pistaches.

Ayez une pinte de laict, faites-le bouillir jusques à ce qu'il devienne un peu épais. Mettez-y un bon morceau de sucre, & remuez-le toûjours. Lors qu'il commence à s'épaissir, meslez-y un bon quarteron de pistaches bien pelées, & bien pilées, & cela fait, dressez vostre cresme.

Cresme cuitte.

Faites boüillir une pinte de laict avec un bon morceau de sucre : mettez-y six jaunes d'œufs bien délayez, & un peu de beurre frais, quand vostre cresme sera épaisse, tirez-en sur une assiette, & faites cuire le reste davantage : elle sert à faire des tourtes.

Autre façon.

Prenez de la cresme douce avec une pinte ou deux d'amandes bien battuës, meslez le tout dans un poësson, remuez-

, & le faites cuire à petit feu. Lors que vous vous appercevrez que voſtre creſme devient épaiſſe, prenez deux jaunes d'œufs, délayez-les avec un peu de ſucre en poudre, jettez-les dans voſtre creſme, & la tournez encore quatre ou cinq fois.

Creſme foüettée.

Prenez une pinte de laict, & le mettez dans une terrine avec environ un quarteron de ſucre. Prenez auſſi une chopine de creſme douce que vous meſlerez parmy voſtre laict: foüettez le tout avec de petites branches d'ormeaux, pelées & blanchies, & à meſure que vous foüetterez, oſtez l'eſcume; & enfin quand vôtre laict & voſtre creſme auront eſté bien foüettez enſemble, mettez-les dans un plat en forme de pyramide.

Creſme cuitte.

Prenez de la creſme douce & une pinte ou deux d'amandes bien battuës, puis les mettre dans un poeſlon, & ſur tout la remuer bien, & le faire cuire à petit u. Quand vous voyez qu'elle devient un peu épaisse vous prendrez deux jaunes d'œufs que vous délayerez avec un peu de sucre en poudre, que mettrez dedans, & tournerez encore quatre ou cinq fois.

Cresme d'Angleterre.

Prenez de la cresme douce que ferez un peu tiedir dans une vaisselle, dont vous servirez pour prendre la grosseur d'un grain de bled de presure, que vous délayerez avec un peu de laict dans une cueilliere, puis le jetterez dans vostre vaisselle, & vous passerez un tour ou deux de cueilliere, puis la laisserez auprés du feu, & aprés la couvrirez.

Pour faire des Cresmes.

Vous en pouvez faire de deux ou trois sortes assez facilement, vous n'avez qu'à prendre de la cresme nouvelle & la mettre dans un poeslon, la faire boüillir bien long-temps, & prendre d'un blanc d'œuf bien battu, & aprés qu'elle aura bien boüilly vous y mettrez ce blanc d'œuf battu, & le remuërez toûjours en boüillant, jusques à ce que vous verrez

DE CONFITURE. 213
u'elle sera liée comme une boüillie
presque , vous en pouvez tirer de ce
poeslon où vous mettrez de la fleur d'o-
range dans le plat où vous la mettrez, &
vous remuërez un peu , afin que la fleur
d'orange se mesle ; puis la laisserez refroidir : Et du reste vous y pouvez mettre
des pistaches pilées , ou écorces de citrons
telle que vous la voudrez, de couleur
verte ou grise.

Autre façon.

Vous prendrez un jaune d'œufs frais
environ pour une assiette, & luy ferez
la mesme cuisson qu'aux autres : Vous y
pouvez mettre musc ou ambre , ou ce
que vous voudrez. Pour le sucre vous y
ettrez suffisamment ce que vous pou-
ez connoistre qu'il y faut, parce qu'il y
en faut raisonnablement.

Autre façon.

Vous en pouvez faire une autre de
mesme, la mettre sur un peu de feu avec
ant soit peu de sucre, & la couvrir ; elle
prend, & aprés vous en dressez sur

une assiette, & vous y mettez quantité de sucre en poudre par dessus, & quelques eaues de fleurs d'orange, ou d'autres que vous voudrez: Vous pouvez faire ceux-là assez facilement.

Cresme à la Mazarine.

Il faut prendre du laict à la quantité que l'on veut faire, puis faire boüillir dans un poeslon, & mettre dedans de la presure & du sucre ce qu'il y en faut à peu prés de la quantité qu'il est necessaire; puis quand elle aura boüilly la tirer, & ensuite en prendre dans le poeslon, & aprés vous en ferez de tant de sortes de couleurs que vous en voudrez.

Toutes sortes de fleurs au sec.

Vous ferez boüillir du sucre avec un peu d'eau à proportion des fleurs que vous voudrez confire, & lors qu'il sera fait & tourné en conserve; vous y mettrez boüillir les fleurs demy douzaine de boüillons, puis les tirerez & mettre boüillir autant dans de l'eau pure, les tirerez ayant laissé leur sucre en cette eau les faire égoutter, puis les mettre secher sur de la paille, & estans seches les mettrez dans des boëtes.

Fenoüil & anis blanchy par bouquets.

Vous couperés vos bouquets d'anis ou de fenoüil de la longueur de la main, y mettrez au bout de chacun un filet, puis aurez de l'eau rose, ou fleurs d'orange, les tremperez dedans, les ferez égoutter, puis prendrez du sucre tamisé, les en poudrerez, & les ferez secher au soleil.

Galands & rubans d'Angleterre.

Vous prendrez un morceau de paste de sucre, & vous prendrez des couleurs de diverses sortes, & prendrez autant de morceaux de paste que vous aurés de couleurs, les aplanirez du rouleau, & estans toutes aplanies les frotterez chacune paste d'une couleur, puis les mettrez les unes sur les autres, & passerez le rouleau dessus, & aprés avoir replié deux ou trois fois la paste la couperez en façon de rubans de la Chine & d'Angleterre, les entrelasserez comme vous voudrez & les mettrez au four ; vous les pouvez glacer.

Et si vous desirez faire Muscadins, mettez un grain de musc ou d'ambre gris dans cette paste en la broyant, & les mettez en une estuve, ou secher au four, & seront tres-excellens.

Neige.

Vous prendrez deux blancs d'œufs, une chopine de cresme douce, & battre le tout ensemble, tant qu'il soit en écume ; & lors que serez prest à servir vous y mettrez de la poudre de sucre dessus, & non plûtost.

Plissons de Poictou.

Prenez une grande terrinée de laict sortant du pis de la vache, coulez-le & le mettrez dans une autre terrine avec une pinte de cresme nouvelle levée de dessus le laict : remuez le tout & le laissez reposer dans un lieu frais environ une bonne demy-journée : aprés cela vous mettrez la terrine sur un petit fe de charbon, en sorte qu'il ne puis boüillir, & le remettez aprés demy-heure encore dans un lieu frais. Au bout de six heures remettez-le encore sur le feu, aussi pendant demy heure : retirez-le & le remettez refroidir encore une fois : puis au bout de six heures remettez-le dessus le feu, & ensuite le laissez refroidir. Il s'y fera un plisson épais de trois doigts & fort délicat que vous leverez avec une assiette, & parsemerez de sucre : mais prenez garde de ne pas rompre le plisson en remuant la terrine.

Plissons communs.

Prenez une grande terrine pleine de laict bien doux, mettez-la sur du feu de charbon, en sorte qu'il chauffe sans boüillir : laissez-le dans cét estat l'espace de trois bonnes heures, retirez-le & le laissez refroidir, levez ensuite le plisson qui sera sur le laict, & le servez avec du sucre en poudre par dessus.

Plissons de beurre.

Mettez dans un poeslon trois pintes de bon laict avec une livre ou trois quarterons de bon beurre frais : faites boüillir le tout en le remuant toûjours, pendant une demy-heure : Cela fait, laiſſez-le refroidir ; eſtant froid, levez-le avec une aſſiette & le parſemez de ſucre.

Caillebots de Bretagne.

Ayez plein un baſſin d'argent de bon laict ; faites-les un peu chauffer & prendre avec de la preſure, ou de la chardonne. Lors qu'il ſera bien pris, coupez-le par morceaux avec un couſteau, & remettez chauffer le baſſin ſur de la braiſe juſques à ce que les caillebots commencent un peu à durcir : tirez-les enſuite de dedans le baſſin & d'avec leur petit laict : Mettez-les dans un plat ou dans un pot avec du laict frais. Faites-les refroidir, & eſtant froids, ſervez-les.

Grivauſts de Bretagne.

Faites boüillir dans un poeſlon une pinte de bon laict : ayant boulu, oſtez-le de deſſus le feu, mettez-y deux petites poignées de grivoſts qui eſt de l'avoine, & ayant fait refroidir le tout enſemble, passez-le dans un linge que vous presserez fermement : Cela fait prenez le laict qui aura passé, mettez-le dans un poeflon avec un bon morceau de sucre, faites-le boüillir & le remuez toûjours jusques à ce qu'il soit épais comme de la boüillie, cela fait, ostez-le de dessus le feu & le servez chaud avec du sucre.

Ricottes de Langres.

Ayez une grande bassine pleine de petit laict, autrement nommé laict clair, mais qu'il soit bien doux, mettez-la sur du feu de charbon, en sorte que vostre laict soit chaud & ne puisse boüillir. Ayez aussi un baston de bois de saule de la grosseure d'un œuf & le fendez en trois par un bout, en sorte qu'il fasse trois fourchons, avec ce baston remuez toûjours au fonds & au milieu de vostre bassine, & lors qu'il y aura une ricotte attachée aux fourchons de ce baston, ostez-la doucement & la mettez dans un petit panier, ou dans un pot percé au fonds & aux costez, afin qu'elle se puisse égoutter. Cela fait, mettez dans la bassine un demy-verre de bon laict, & remués toûjours comme auparavant. On peut tirer d'une bassinée jusques à deux douzaines de ricottes, qui sont fort délicates & se servent avec du sucre.

Fromage de maison.

Mettez ensemble en presure deux pintes de bon laict & deux pintes de cresme bien douce, ayez une éclisse d'osier fort haute, qui ait un fonds de mesme bois, entourez-en le dedans par le fonds & par les costez d'un linge blanc. Vostre laict & vostre cresme estant pris, mettez-les dans cette éclisse par grandes cueillerées, laissez-les égoutter vingt-quatre heures, au bout de ce temps, renversez vostre caillé sur une assiette, ostez le linge & le fendez en quatre par dessus, mettez-y un peu d'eau de fleurs d'orange, & quantité de sucre en poudre.

Des Sirops de fruits.

Pour faire Sirop de Pommes.

PRenez des pommes & les coupez par tranches, puis les mettre sur des brins de ballay bien nets dans un baſſin, & aprés faire un lit de ſucre, & un lit de pomme, & puis les couvrir d'un autre baſſin juſques au lendemain, & aprés les tirer & paſſer dans un linge, & au meſme inſtant vous les mettrez dans un poeſlon, que ferez boüillir deux ou trois boüillons.

Sirop de Meures.

Prenés telle quantité de meures que voudrez, & puis le bien exprimer, & aprés mettre voſtre jus dans un poeſlon avec une livre de ſucre, & les faire cuire juſques à ce que voſtre ſirop faſſe la perle : Tous autres ſirops ſe font de meſme, excepté celuy de verjus, lequel il faut bien laver & mettre boüillir dans de l'eau ; & quand il eſt en paſte le preſſer dans un linge, & puis le faire cuire avec du ſucre ainſi que deſſus eſt dit.

Sirop de Cerises.

Prenez une livre de ſuc de cerises clarifié au ſoleil, paſſé par la chauſſe, & puis prendre trois quarterons de ſucre, que ferez cuire comme devant.

Sirop de Cerises sans sucre.

Prenez des cerises les plus meures, & ostez les queuës & noyaux, & en tirez le jus, lequel sera passé incontinant sans feu par la chausse ; & ce qui coulera dans la bassine ne revienne qu'à trois demy-septiers au plus, qui sera mis au mesme instant dans un pot de grets, ou de verre pour vous en servir au besoin.

Sirop de Roses seches.

Prenez demy livre de fleurs de roses rouges seches & belles, que mettrez dans une bassine, & versez par dessus deux pintes d'eau boüillante, les couvrant & mettant infuser au coin de la cheminée l'espace de vingt-quatre heures, puis vous verserez ladite infusion dans une bassine, luy faisant prendre deux ou trois boüillons avec icelle coulée & exprimée ; puis vous ferez cuire une livre de sucre, & aprés mettre vos fleurs de roses dedans, que ferez cuire comme a esté dit cy-dessus.

Sirop de Groseilles rouges.

Prenez une livre & demy de bon sucre que ferez cuire avec trois quarterons d'eau en consistance de sucre rosat & tiré hors du feu, & puis y mesler douze onces de suc de groseilles rouges purifié au soleil qui le décuit & rend en consistance de sirop.

Le sirop de suc de Grenades se fait de la mesme sorte.

Le sirop de limons se fait encore de mesme que celuy de groseilles & de grenades : Mais faut notter que si ledit suc n'est bien clarifié, & qu'il rende trouble le sirop, estant meslé avec le sucre cuit, faudra luy faire prendre un boüillon & l'escumer avec une petite cueilliere d'argent, & ledit sirop se rendra blanc & bien clair.

Sirop de Coins.

Prenez trois livres de suc de coins clarifiez & passez par deux ou trois fois par la chausse, afin qu'il soit bien clarifié, & puis prendre deux livres de sucre pour faire vostre sirop ainsi que dessus est dit.

Autres Sirops rafraischissans.

Sirop de Violettes.

AYez quatre onces de fleurs de violettes bien épluchées de leurs boutons : faites cuire une livre de sucre à souffle : pilez vos fleurs de violettes dans un mortier, meslez-les bien avec le sucre dans un poeslon, passez le tout ensemble dans un linge, estant passé mettez-le dans une bouteille que vous boucherez lors que vostre sirop sera froid.

Autre façon.

Faites cuire du sucre & pilez des violettes comme cy-dessus : mettez une serviette sur un plat ou sur une terrine : mettez-y les violettes, & versez le sucre par dessus, remuez le tout ensemble, pressez-le & le serrez.

Sirop de Cerises.

Ayez des cerises, ostez-en les noyaux,

preſſez-les & les faites un peu boüillir ſans eau, paſſez-les & les preſſées encore une fois, prenez une chopine de jus qui en ſortira, faites cuire une livre de ſucre à ſouffle, mettez-le dedans voſtre jus de ceriſes, & faites boüillir le tout enſemble juſques à ce que le ſucre en ſoit cuit à perle gros : & le ſerrez.

Autre façon.

Prenez des ceriſes, preſſez-les & en tirez le jus, paſſez-le & le mettez ſur le feu deux ou trois boüillons ; mettez-y enfin du ſucre à proportion de trois quarterons pour une pinte de jus.

Sirop de Meures.

Ayez des meures qui ſoient encore rouges, preſſez-les, faites-les boüillir, & en tirez le jus : prenez-en une chopine, & achevez voſtre ſirop comme celuy de ceriſes.

Sirop de Pommes.

Ayez des pommes de Reinette, pelez-les, & les coupez par tranches ou par roüelles : ayés du sucre en poudre, & mettez sur un plat ou sur une terrine des petits bastons bien dru, au dessus desquels vous ferés un lit de pommes & un lit de sucre successivement tant qu'il y en ait assés : Mettés ensuite vostre terrine & ce qui est dessus dans un lieu frais pendant toute une nuit, pendant laquelle vostre sirop coulera, qui se trouvera beau & bon.

Autre façon.

Faites boüillir avec de l'eau des pommes coupées par morceaux : estant bien cuites, passés-les & les pressés pour en tirer le jus, dont vous prendrés une pinte, & le mettrés dans un poeslon avec une livre de sucre : faites cuire le tout ensemble jusques à ce que le sirop en soit cuit à perle : cela estant fait, mettés-le dans une fiole que vous boucherés, lors que vostre sirop sera froid.

Sirop d'Abricots.

Ayés des abricots bien meurs, pelés-les & les fendés par la moitié : Mettés de petits baftons de travers fur un baffin ou fur une terrine : faites une couche d'abricots fur les baftons, une couche de fucre en poudre fur les abricots, & ainfi fucceffivement jufques à ce qu'il y en ait affez. Mettez le tout en lieu frais pendant une nuit : faites chauffer un peu d'eau, mettez les abricots dedans, verfez-les fur un linge blanc, paffez l'eau, & ne preffez les abricots que le moins que vous pourrez : Mettez cette eau dans un poeflon avec le firop qui fera tombé des abricots dans la terrine : faites boüillir le tout enfemble, jufques à ce que le firop en foit cuit à perle. Cela fait, tirés-le & le mettés dans une fiolle de terre.

Sirop de Verjus.

Prenez du verjus qui ne commence pas encore à meurir, pilez-le & en tirez le jus : Mettez-le dans une bouteille de terre qui ne foit point couverte : expofez cette bouteille au foleil, ou la mettez devant le feu, jufques à ce que le verjus foit clair comme de l'eau : cela eftant, tirez-le de la bouteille bien doucement, crainte de remuer le fonds : prenez-en quatre onces; faites cuire une livre de sucre à souffle, estant cuit, ostez-le de dessus le feu, & mettez vostre verjus dedans: lequel estant froid vous serrerez & boucherez.

Sirop de Coins.

Ayez des coins bien meurs: ostez la mousse de dessus avec un linge, rapés-les jusques au cœur, prenez-en la rapure, & la passez & pressez dans un linge. Mettez le jus qui en sortira dans une bouteille de verre, qui ne soit point couverte: exposez-la au Soleil, ou le mettez devant le feu, jusques à ce que vostre jus soit tout clair. Cela estant, ostez-le de la bouteille sans remuer la lie, faites cuire une livre de sucre à souffle, prenez quatre onces de jus de coins, mettez-les dans le sucre, meslez le tout ensemble, & le servez dans une bouteille.

S'il estoit trop décuit, il le faudroit faire cuire à perle, qui est la vraye cuisson de tous les sirops de garde: & s'il n l'estoit pas assez, il y faudroit mettre d jus pour l'achever de cuire.

Sirop de Grenade.

Passez des grains de grenade dans un linge, tirez-en le jus & le mettez dans une bouteille pour le clarifier & achever comme celuy de coins.

Sirop de Citron.

Mettez quatre onces de jus de citron dans une livre de sucre, que vous aurez fait cuire à souffle, & l'achevez comme celuy de coins.

Fenoüil blanc.

Prenez du fenoüil en branches, & le nettoyez bien. Faites-le secher, & estant sec, prenez un blanc d'œuf & de l'eau de fleurs d'orange : battez le tout ensemble, & trempez dedans vostre fenoüil : mettez ensuite du sucre en poudre par dessus, & le faites secher auprés du feu sur des feüilles de papier.

Fenoüil rouge.

Prenez du jus de grenade avec un blanc

d'œuf, battez le tout ensemble & y trempez voſtre fenoüil : mettez-y du ſucre en poudre, comme au precedent, & le faites ſecher au Soleil.

Fenoüil bleu.

Prenez du tourne-ſol & le rapez dans de l'eau, mettez-y un peu de poudre d'Iris & de blanc d'œuf, battez le tout enſemble, & trempez voſtre fenoüil dans cette eau : aprés quoy vous y mettrez du ſucre en poudre & le ferez ſecher comme le precedent.

Pour blanchir des Oeillets, des Roſes & des Violettes.

Prenez des blancs d'œufs avec une petite goutte d'eau de fleurs d'orange ; battez-les enſemble, & mettez tremper vos fleurs dedans. Tirez-les, & en les retirant ſecoüez-les, & mettez du ſucre en poudre par deſſus, & les ſechez auprés du feu.

Vous pouvez vous ſervir de la meſme façon pour faire blanchir groſeilles rouges, ceriſes, framboiſes & fraiſes, ſans qu'il qu'il soit besoin de faire une article particulier pour chacun de ces fruits, n'y ayant aucune différence, & se pouvant secher de mesme au feu ou au Soleil.

Pour faire des tranches de Jambons.

Prenez des pistaches battuës avec des roses de Provins & des amandes battuës, puis prendre un poeslon & mettre du sucre selon qu'il est requis, le faire cuire en conserve, puis avec la spatule le blanchir, & avec trois poeslons partir le sucre en trois parties, puis y mettre à chacun le sucre dedans sur un petit feu sous les trois poeslons, & bien dilayer le fruit avec le sucre, puis avec la spatule en prendre un morceau de l'un & de l'autre, & les mettre l'un sur l'autre, puis les couperez par tranches & les dresserez.

Pour blanchir du Fenoüil.

Prenez du fenoüil en branches & le bien nettoyer quand il est sec, & prendre un blanc d'œuf & de l'eau de fleurs d'orange, le bien battre dans une aiguie-

V

re, puis tremper du fenoüil dedans & du sucre en poudre par dessus, puis le mettre auprés du feu sur du papier pour le secher.

Pour en faire de rouge.

Prenez du jus de grenade avec un blanc d'œuf, & de l'eau de fleurs d'orange, le mesler ensemble & le bien battre, puis vous tremperez vostre fenoüil dedans, & mettrez vostre sucre en poudre par dessus, & les ferez secher au Soleil, ou bien à petit feu.

Pour en faire de bleu.

Prenez du tourne-sol & le rapez dans de l'eau tant que l'eau soit bien bleuë, & y mettre un peu de poudre d'Iris, un blanc d'œuf, & le bien battre ensemble, puis tremper vostre fenoüil dans cette eau, & mettre du sucre en poudre sur vostre fenoüil, & secher de mesme.

Pour blanchir des Oeillets, des Roses, & Violettes.

Prenez un blanc d'œuf avec une goutte d'eau de fleurs d'orange, le bien battre ; en cas qu'il en faille deux blancs d'œufs, il faut mettre bien tremper vos fleurs dedans, & les secoüer bien, puis mettre du sucre en poudre dessus, & les secher au feu : Il faut fort peu d'eau.

Pour blanchir Groseilles en bouquets, & Groseilles rouge.

Prenez un blanc d'œuf, & un peu d'eau de fleurs d'orange, & le bien battre, puis vous tremperez vos groseilles dedans, & y mettrez beaucoup de sucre en poudre par dessus, & les ferez secher devant le feu sur du papier.

Pour Fraises & Framboises la mesme chose que cy-devant est dit.

Culs d'Artichaux.

Prenés des culs d'artichaux & les pelés tout-à-fait, & ostés le foin de dedans; faites boüillir de l'eau, & mettés vos artichaux dedans tant qu'ils soient bien cuits, puis vous les mettrés dans le sucre, & les faire boüillir quatre ou cinq boüillons tant qu'ils soient cuits,

& les laisser reposer dans le sucre comme tous fruits ; puis vous les mettrés égoutter & les tirerés comme les oranges, & ferés la mesme chose.

Boutons de Roses secs.

Prenés des boutons de roses & les piqués cinq ou six coups de coûteau, & prendre de l'eau boüillante & les mettre dedans, les faisant boüillir dix ou douze boüillons, puis prendre du sucre, le faire fondre, & mettre vos boutons dedans, & ferés prendre huit ou dix boüillons pour les mettre au sec, vous les tirerés comme les oranges.

Culs d'Artichaux confits.

Prenés des culs d'Artichaux en telle quantité que vous voudrés, pelés-les tout à fait, & en ostés soigneusement le foin, faites ensuite boüillir de l'eau, jettés-y vos culs d'Artichaux, & les y laissés jusques à ce qu'ils soient bien cuits. Aprés cela, mettés-les dans le sucre, faites-les y boüillir quatre ou cinq boüillons, & les y laissés reposer. Cela fait, tirés-les & les faites égoutter.

Ponsif.

Prenez un bon ponsif, coupez-le par tranches; que vous mettrez ensuite dans de l'eau fraîche avec une poignée de sel blanc. Laissez-les tremper cinq ou six heures, & ensuite faites-les boüillir dans de l'eau jusques à ce qu'elles soient cuites. Tirez-les & les faites égoutter, puis prenez du sucre, faites-les boüillir, & jettez dedans vos tranches de ponsif. Faites-les cuire derechef dans le sucre à proportion, & les tirez.

Pour faire des Gasteaux de Cerises, d'Abricots, de Pistaches & d'Amandes.

Prenez des cerises ou des abricots, en telle quantité que vous voudrez; battez-les dans un mortier avec du sucre en poudre, tant qu'ils soient assez fermes pour estre mis en œuvre; faites-les cuire avant que de les glacer, & les glacez dessus & dessous.

Les pistaches & les amandes s'accommodent plus facilement, & sont plus aisées à faire des gasteaux.

A l'égard des pistaches, prenez une demy livre de poudre de sucre, un quarteron de pistaches, pour un sol de gomme d'adragan, & une goutte d'eau de senteur: pilez le tout ensemble, faites-en vostre paste, & de la paste des gasteaux de l'épaisseur d'un teston que vous ferez cuire au four.

Pour en faire les abaisses, mettez tremper de la gomme dans de la fleur d'orange, pilez vos amandes ou vos pistaches dans le mortier avec un morceau de gomme, délayez le tout ensemble avec du sucre en poudre; puis faites & dressez une paste comme vous l'entendrez.

Vous pouvez de cette mesme paste en faire une autre fort claire, y meslant un peu de musc, & soignez à la bien nettoyer par dessus, puis la coupez en long, en rond, ou en quelqu'autre façon.

Pour la faire cuire il faut un grand soin & une grande circonspection: Vous la mettrez dans le four ou dans la tourtiere avec du feu dessus & dessous, mais un peu moins dessus que dessous.

Gasteaux de paste de Citron.

Prenez du sucre en poudre & des blancs

d'œufs, avec un peu de rapure de chaire de citron : pelez le tout ensemble dans le mortier ; & si d'avanture il y avoit trop de blancs d'œufs, mettez-y de la farine de sucre, si bien qu'en battant vous rendiez ce qui est dans vostre mortier comme une paste maniable. Travaillez-la à l'ordinaire, & faites vos gasteaux comme vous voudrez, de l'épaisseur d'un demy doigt, ou moins, si vous voulez. Faites-les cuire sur du papier dans le four, ou dans une tourtiere, avec du feu dessus & dessous, mais mediocrement. Prenez garde qu'ils ne jaunissent, & si-tost que vous appercevrez qu'ils commenceront à prendre cette couleur, tirez-les, car dés lors ils sont cuits.

Pour faire une tourte à la Combalet.

Il faut prendre trois jaunes d'œufs, sans aucun mélange de blancs, & demy livre d'escorce de citron, avec de l'eau de fleurs d'orange & du musc. Battez vostre escorce de citron, meslez le tout ensemble, & le desseches avec une poignée de sucre en battant. Mettés aussi le tout ensuite dans un poeslon, & luy faites faire trois ou quarre tours sur le feu. Formés une tourte & la mettés dans la tourtiere avec du sucre en poudre dessus & dessous: fermés-là & l'entourés de feu. Lors qu'elle sera à moitié cuitte, levés-la & la mettés secher dans le four.

Abaisses glacées.

Prenés de toutes sortes de fruits secs, & les pilés avec de l'eau de fleurs d'orange: emplissés vos abaisses de ces fruits qui formeront une certaine épaisseur capable & propre pour les glacer: laissés-en un peu dessus, & faites cuire le tout dans la tourtiere, jusques à ce que la glace soit levée. Pour ce faire, mettés du feu dessus & point dessous.

Macaron.

Prenés une livre d'amandes pelées, mettés-les tremper dans de l'eau fraîche, faites-les égoutter, & les pilés dans un mortier: arrosés-les de trois blancs d'œufs; au lieu d'eau de fleurs d'orange, mettés-y un quarteron de sucre en poudre, & faites vostre paste, laquelle vous

vous taillerez sur le papier en forme de macarons. Faites cuire vos macarons : mais gardez-vous de leur donner le feu trop chaud. Estant cuits, tirez-les & les serrez en lieu chaud & sec.

Fraises contrefaites.

Prenez de la paste de massepain, roulés-la dans vos mains en forme de fraises, que vous tremperez dans du jus d'épine-vinette, ou de groseille rouge, & remuërez fort. Cela fait, mettez-les dans un plat & les faites secher devant le feu; & puis retrempez-les de nouveau trois ou quatre fois dans le mesme jus.

Muscadin.

Prenez de la poudre de sucre, un peu de gomme d'adragan, que vous aurés fait tremper dans de l'eau de fleurs d'orange & de musc. Pilez le tout ensemble, faites-le en forme de muscadin, & le faites aussi secher de loin au feu ou au Soleil.

Marons à la Limosine.

Faites cuire des marons à l'ordinaire ; eſtant cuits, pelez-les & les applatiſſez un peu entre les mains : accommodez-les ſur une aſſiette, & prenez de l'eau, du ſucre, un jus de citron, ou de l'eau de fleurs d'orange, faites-en un ſirop, eſtant fait, verſez-le tout boüillant ſur vos marons, & les ſervez chauds ou froids.

Autre façon.

Si vous voulez blanchir vos marons, prenez un blanc d'œuf, & de l'eau de fleurs d'orange, battez-les enſemble, trempez-y vos marons, & les mettez dans un plat avec de la poudre de ſucre. Roulez-les tant qu'ils en ſoient couverts, puis les faites ſecher auprés du feu.

Les eaux d'Italie.

Eaux de jaſmin.

PRenez deux poignées de fleurs de jaſmin, mettez-les dans une eſguierre ou dans une terrine avec une pinte d'eau fraiſche, & environ un quarteron de ſucre. Laiſſez le tout repoſer environ demy-heure, & enſuite verſez voſtre eau d'une eſguierre à l'autre, juſques à ce qu'elle ait pris le gouſt de jaſmin. Mettez-la rafraiſchir, & vous la trouverez tres-excellente.

Eau de fleurs d'orange.

Ayez une poignée de fleurs d'orange, meſlez-la avec une pinte d'eau & un quarteron de ſucre, & l'achevez comme celle de jaſmin.

Eau de roſes muſcades.

Prenez deux poignées de feüilles de roſes muſcades, mettez-les avec une pinte d'eau & un quarteron de ſucre, & l'achevez comme celle de jaſmin.

Eau de framboiſe.

Prenez des framboiſes bien meures, paſſez-les dans un linge & en tirez le jus, mettez-le dans une bouteille de verre découverte, & l'expoſez au ſoleil, ou devant le feu, ou dans une eſtuve, juſques à ce qu'il ſoit devenu clair. Cela fait, verſez-le doucement dans un autre vaiſſeau, crainte de remuer la lie : prenez-en un demy-ſeptier, & le mettez dans un pot, ou dans une terrine avec une pinte d'eau & un quarteron de ſucre : battez-la bien enſuite, la verſant d'un vaiſſeau en l'autre, paſſez-la dans un linge blanc, mettez-la rafraiſchir, & vous la trouverez excellente.

Eau de Fraiſe.

Elle ſe fait de meſme que celle de framboiſe.

Eau de Ceriſe.

Elle ſe fait de meſme que celle de framboiſe.

Eau de Groſeille rouge.

Elle ſe fait de meſme que celle de framboiſe.

Eau d'Abricots.

Prenez une douzaine de beaux abricots meurs : pelez-les & en oſtez les noyaux : faites boüillir une pinte d'eau, oſtez-la de deſſus le feu, & y mettez vos abricots :

aprés une demy-heure de temps mettez un quarteron de sucre dans cette eau, le sucre fondu, passez-la dans un linge & la faites rafraîchir. Elle est excellente.

Eau de Canelle.

Faites boüillir une pinte d'eau ; ostez-la de dessus le feu, ayez environ un quart d'once de canelle, rompez-la par morceaux & la mettez dans cette eau chaude: mettez-y un quarteron de sucre & la laissez refroidir, passez-la dans un linge blanc, & en beuvez quand il vous plaira.

Eau de Coriandre.

Prenez une poignée de coriandre, écossez-la, & la mettez dans une pinte d'eau avec un quarteron de sucre: laissez-la tremper jusques à ce que l'eau en ait assez pris le goust, & que le sucre soit fondu. Cela fait, pressez-la & en beuvez.

Eau d'Anis.

Elle se fait de mesme que celle de coriandre.

Eau de Citron.

Prenez un citron, coupez-en la peau par zeftes, mettez-les dans une efguiere avec une pinte d'eau & un quarteron de fucre : battez-la bien d'un vaiffeau en l'autre, & lors qu'elle aura pris le gouft de citron, paffez-la comme les autres.

Eau d'Orange.

Elle fe fait de mefme que celle de citron.

Des breuvages délicieux d'Ypocras.

Pour faire Ypocras clairet excellent & promptement.

PRenez huit onces de fucre pour pinte de vin clairet, & neuf onces de fucre pour le blanc, à caufe qu'il eft plus vert que le clairet, demy citron, quatre clouds de girofle, & un peu de canelle; trois grains de poivre entiers, & quatre grains de coriandre, avec un petit morceau de zingembre, & huit amandes découpées par morceaux.

Et puis découpé voſtre ſucre par morceaux, la canelle & zingembre concaſſez dans le mortier chacun à part, & puis mettre le tout dans un vaiſſeau d'eſteing, ou autre, & aprés y verſez deſſus voſtre vin, meſlant le tout enſemble avec une ſpatule, & laiſſer le tout infuſer une bonne heure: Et aprés vous le paſſerez par la chauſſe cinq ou ſix fois, que vous ouvrirez avec deux petits baſtons; & voſtre hypocras ſera parfait.

Mais faut notter que ſi vous voulez rendre voſtre hypocras bien clair avant que de le paſſer par la chauſſe, vous verſerez dans icelle une bonne cueillerée de laict, du meilleur que pourrez trouver.

Pour faire Hypocras blanc auſſi tres-excellent.

Prenez trois pintes de bon vin blanc & une livre & demie de ſucre découpé par morceaux, une once de canelle, deux ou trois feüilles de macis, & deux grains de poivre entier, avec deux ou trois morceaux de citron, & un grain de musc, que mettrez dans du cotton; & puis vous l'attacherez au bout de la chausse en dehors ; & aprés laisser le tout infuser ensemble dans un vaisseau; & ensuite vous passerez vostre hypocras dans vostre chausse, laquelle il faut prendre en un lieu que l'on puisse passer vostre vaisseau dessous ; & au mesme instant ouvrir la chausse avec deux petits bastons pour recevoir vostre hypocras qui découlera; & ainsi le passerez par cinq ou six fois, comme a esté dit.

Pour faire Hypocras encore plus excellent, & promptement.

Prenez deux pintes de bon vin que mettrez dans un bassin avec une livre & demy de sucre découpé en morceaux, un peu de canelle battuë, deux douzaines de grains de coriandre, deux grains de poivre, avec un bon citron coupé en morceaux, & presser le jus, puis prendre une cueilliere de bon laict pour laver la chausse, afin qu'il soit clair & purifié, & faites ainsi qu'il est dit cy-dessus.

Pour faire Hypocras d'eau au lieu de vin.

Prenez demy livre de bon sucre fin, un peu de canelle concassée, & deux pintes de bonne eauë de fontaine, & aprés mettre le tout ensemble dans un vaisseau en quelque lieu bien couvert, & puis le laisser infuser toute la nuit, & le lendemain on coulera & passera le tout par la chausse cinq ou six fois.

Et si vous voulez y adjoûter du musc, ainsi qu'il est dit cy-devant, ledit hypocras n'en sera que meilleur & plus agreable.

Et faut notter que toutes sortes d'hypocras se font sans feu.

Hypocras de vin rouge.

Mettez dans une terrine bien nette une pinte de fort bon vin un peu couvert : mettez-y aussi trois quarterons de beau sucre, coupez par marceaux avec un peu de canelle, deux brins de poivre long rompus, douze cloux de girofle, deux feüilles de masif, un peu de gingembre coupé par tranches, & une pomme de reinette pelée & coupée aussi par tranches: couvrez bien la terrine, & la laissez reposer environ demy-heure: lors que le sucre sera fondu, passez le tout dans une chausse de drap ou de serge bien forte: Mettez aussi dans la chausse une douzaine d'amandes douces cassées & non pelées, ou bien lavez-en le bout de la pointe dans du laict. Tournez & virez vostre hypocras dans cette chausse, & le passez jusques à ce qu'il soit bien clair: cela fait mettez-le dans une bouteille de verre, & la bouchez bien si vous voulez le conserver.

Si vous le desirez meilleur, prenez un grain de musc & deux grains d'ambre gris, pilez-les un peu dans un mortier de fonte avec un peu de sucre en poudre: Mettez le tout dans un peu de cotton ou dans de l'étouppe, & attachez à la pointe de la chausse, & passez l'hypacras par dessus, deux ou trois fois.

Hypocras de vin blanc.

Prenez trois pintes du meilleur vi

blanc que vous pourrez trouver, une livre & demie de sucre, plus ou moins ; une once de canelle, deux ou trois feüilles de marjolaine, deux grains de poivre sans piler, passez le tout dans une chausse avec un petit grain de musc, & deux ou trois morceaux de citron : Laissez infuser le tout ensemble pendant trois ou quatre heures.

Le clairet se peut faire aussi de mesme.

Rosolis.

Prenez une pinte d'esprit de vin, ou de bonne eau de vie ; mettez-la dans une bouteille de verre avec douze cloux de girofle, trois brins de poivre long, un peu d'anis vert, un peu de coriandre cassée : laissez tremper le tout environ deux heures ; passez-le dans un linge & faites cuire de bon sucre à souffle : ostez-le de dessus le feu, mettez-y vostre esprit de vin, remuez-le bien avec une cueilliere, ou avec une spatule : passez-le ensuite dans une chausse comme l'hypocras, & mettez au fonds de la chausse un douzaine d'amandes douces cassées & non pelées. Si vous le voulez meilleur, prenés quatre grains de musc, & six grains d'ambre gris, & l'achevés comme l'hypocras.

Populo.

Prenés une pinte de bon vin blanc, & bien clair; metttés dedans une pomme de Reinette, pelée & coupée par tranches, un peu d'anis & de coriandre cassée: laissés tremper le tout environ deux heures : faites cuire deux livres de sucre à souffle : estant cuit, ostés-le de dessus le feu, meslés-y demy-septier d'esprit de vin, remués-le bien : laissés-le refroidir : estant froid, mettés-y vostre vin blanc, passés-le & l'achevés comme le rosolis : Mettés-le dans des fioles de terre & le bouchés bien.

Sorbec d'Alexandrie.

Prenés une grosse roüelle de veau; dégraissés-la & la battez bien sur un billot avec un rouleau : Mettés-la dans un pot bien net avec trois pintes d'eau, faites-la reduire à chopine ou trois demy-septiers ; prenés deux livres de beau sucre : mettés-le dans un poeslon avec le

DE CONFITURE. 251

jus qui sera sorty de la roüelle de veau aprés l'auoir bien dégraissé, & passé au travers d'un linge blanc : faites bien boüillir le tout ensemble, & aprés l'avoir écumé, faites-le cuire à perle gros : serrés-le dans une bouteille de verre & la bouchés bien.

Aigre de Sedre.

Ayés une douzaine de beaux citrons : fendés-les par la moitié, prenés les endroits où est le jus, ostés-en les pepins, en sorte qu'il n'y ait point de chair de citron : ayés un pot de terre tout neuf, mettés dedans ces endroits où est le jus : faités cuire une livre de sucre à souffle : faites un bon feu de charbon, mettés-le dessous vostre pot de terre, versés dedans vostre sucre cuit, laissez-le cuire jusques à ce qu'il soit cuit à perle, tirés-le & le serrés dans une bouteille de verre, & le bouchés lors qu'il sera froid.

Des Limonades de fleurs de Iasmin, de fleurs d'Oranges, de Roses muscades, des Oeillets & de Citron, lesquelles se boivent en festin & banquet.

Pour faire la Limonade de fleurs de Iasmin.

PRenez des fleurs de jasmin, que mettrez infuser dedans une pinte d'eau l'espace de huit ou dix heures, & puis mettre dedans six onces de bon sucre.

Celles de fleurs d'Orange, de Roses muscade, & des Oeillets se font de mesme.

Limonade de Citron.

Prenez six citrons que vous pelerés & couperés par morceaux, & puis prendre trois pintes d'eau avec une livre & demie de bon sucre, & aprés passez le tout dans un linge blanc.

Limonade musquée.

Prenez deux grains d'ambre & un grain de bon musc que vous pilerez avec un peu de sucre dans un mortier de marbre bien net, & puis prendre une pinte & chopine d'eau de fontaine, dans laquelle vous metttez une demie livre de bon sucre rafiné, que lairrez infuser avec vostre ambre & musc pilé ; & aprés l'infusion vous la passerez par un linge blanc.

Pour faire de l'eau de Iasmin, de fleurs d'Orange, de Roses muscades, & des Oeillets propres à laver les mains en festins & banquets.

Pour faire l'eau de jasmin.

PRenez des fleurs de jasmin une bonne poignée, que mettrez infuser dans une pinte ou cinq demy-septiers d'eau environ cinq ou six heures, & puis la passer dans un linge, & la laisser rasseoir.

Celle de fleurs d'orange se fait de mesme.

Pour celle de roses muscades & des œillets se meslent ensemble, se font aussi de mesme ; & si vous voulez la rendre musquée & odoriferante, vous pilerez trois ou quatre clouds de girofle avec un grain d'ambre & de musc, que mettrez infuser avec vos fleurs, & aprés la passer par un linge.

Limonade de Iasmin.

Prenez du jasmin & le mettez infuser dans l'eau, & le laisser huit ou dix jours dessus une pinte d'eau, & y mettre six onces de sucre.

Celle de fleurs d'orange la mesme chose.

Celle d'œillets la mesme chose.

Celle de fleurs de citrons la mesme chose.

Limonade.

Ayez six citrons, pressez-les & e tirez le jus : mettez-le dans une esguier ou dans une terrine ; adjoûtez-y au le jus de trois oranges, l'escorce de l moiti moitié d'un citron & celle d'une orange : Mettez-y une pinte d'eau, avec une demy livre de sucre : versez le tout d'un vaisseau dans l'autre plusieurs fois jusques à ce que le sucre soit fondu ; cela fait, passez-le dans une serviette blanche, & le faites rafraîchir.

Orangade.

Prenez six bonnes oranges, & deux citrons ; & achevez vostre orangade de mesme façon que la limonade.

Vin bruflé.

Prenez une pinte de bon vin de Bourgogne, mettez-là dans une esguiere d'argent découverte avec une livre de beau sucre, deux feüilles de masif, un brin de poivre long, douze clous de girofle, une branche de rômarin & deux feüilles de laurier. Mettez ensuite vostre esguiere devant un grand feu, & du charbon allumé tout au tour de cette esguiere. Mettez le feu à vostre vin avec du papier allumé, & le laissez brusler jusques à ce qu'il s'esteigne tout seul. Il se boit le plus chaud que l'on le peut boire.

Vin des Dieux.

Ayez deux gros citrons, pelez-les & les coupez par tranches avec deux pommes de reinette pelées & coupées de mesme que les citrons : mettez le tout dans un plat, avec trois quarterons de sucre en poudre, une chopine de vin de Bourgogne, six clous de girofle, un peu d'eau de fleurs d'orange : couvrez bien le tout & le laissez tremper deux ou trois heures : passez-le dans une chauffe comme l'hypocras, si vous voulez ambrez-le & le musquez aussi comme l'hypocras : & vous le trouverez excellent.

Pour faire toutes sortes de dragées.

Remarquez d'abord que pour faire les dragées il faut faire deux cuissons de sucre differentes : l'une est appellée à perle, & l'autre à lisse : & de là vient que l'on dit, dragées perlées & dragées lissées : en sorte que pour faire des dragées perlées, il faut faire cuire le sucre à perle, & pour

DE CONFITURE. 257
faire des dragées lissées, il le faut faire
cuire à lisse.

Remarquez encore que pour faire toutes sortes de dragées, il faut avoir une grande bassine de cuivre rouge avec deux anses, & platte par le fonds : ou un bassin d'argent souftenu en l'air avec deux cordes à la hauteur de la ceinture, sous lequel il faut mettre un reschaux, ou une terrine, avec un feu mediocre, pour faire les dragées perlées. Il faut de plus avoir un outil de cuivre rouge, en façon d'entonnoir, dont le goulot soit environ de la grosseur d'un ferret d'éguillette, lequel il faut suspendre en l'air, au dessus, au droit & au milieu de la bassine : & dans cet entonnoir, vous mettrez du sirop cuit à perle, lors que vous voudrez faire des dragées perlées.

Amandes perlées.

Prenez des amandes douces & bien entieres, nettoyez-les de leur poussiere & de leur ordure : mettez-les dans la bassine & les dessechez un peu sur le feu : mettez aussi du sirop à perle dans

Y ij

l'entonnoir, ayez soin de bien remuer la bassine, & de bien faire tourner les dragées dedans, afin qu'elles prennent toutes du sucre également. Vous pouvez aussi quelquefois les remuer avec la main & les séparer l'une de l'autre, s'il y en a qui se tiennent.

Arrestez par fois le sirop, pour laisser reposer & secher les dragées. Vous les pouvez rendre si grosses & si couvertes de sucre que vous voudrez, en continuant toûjours de mesme.

Amandes lissées.

Nettoyez bien vos amandes, & les dessechez à la bassine, prenez du sirop cuit à lisse avec une cueilliere, environ demy-septier à la fois ; versez-le dans la bassine, que vous manierez & remuërez souvent avec la main. Laissez reposer quelquefois vos amandes, & les couvrez de sucre tant & si peu que vous voudrez, faisant toûjours de mesme.

Anis de Verdun.

Prenez de bon anis bien doux : ostez-en soigneusement les ordures, la poussiere, & les queuës. Cela fait, mettez-le dans la bassine, dessechez-le un peu, & l'achevez de mesme que les amandes lissées, mais ne le couvrez gueres de sucre.

Coriandre perlée.

Prenez de la coriandre nouvelle, épluchez-la bien & la nettoyez de ses ordures ; cela fait, mettez-la dans la bassine, & faites-en des dragées de la mesme façon que les amandes perlées.

Fenoüil de dragées.

Prenez de la graine de fenoüil bien verte & bien douce, & en faites des dragées de mesme qu'il est dit cy-devant de l'anis de Verdun.

Pois sucrez ou gros Verdun.

Prenez de l'anis bien doux & en faites des dragées de mesme que l'anis de Verdun, mais grossissez-les de la grosseur d'un gros pois.

Pistaches lissées.

Prenez des pistaches cassées & bien épluchées : mettez-les dans la bassine, & mettez aussi du sucre à lisse dans l'entonnoir à mesme temps : faites vos dragées comme les amandes lissées. Vous en pouvez faire des perlées, comme les amandes perlées, mais il ne les faut pas dessecher dans la bassine, au contraire il faut laisser couler le sucre en mesme temps.

Canelas de Milan en dragées.

Prenez de bonne canelle nouvelle, coupez-la par petits morceaux, comme des lardons, & les mettez dans la bassine; mettez aussi du sucre cuit à perle dans l'entonnoir, & faites vos dragées, comme les amandes perlées.

Orangade perlée.

Prenez des oranges bonnes à confire ostez l'escorce de dessus bien mince : coupez chaque orange en quatre : ostez-en le dedans : cela fait, coupez-les encore par petits morceaux comme des lardons : faites-les cuire dans l'eau, & confire au sec comme il est dit dans le traité des amandes seches ; tirez-les sur la paille, en sorte que tous les morceaux soient separez : mettez-les dans la bassine & faites vos dragées comme les amandes perlées.

Graine de melon en dragées lissées.

Lors que les melons sont de saison, serrez la graine des meilleurs, & la gardez en un lieu bien sec. Quand vous en voudrez faire des dragées, faites-la bien secher dans la bassine, & faites vos dragées avec du sirop cuit à lisse, de mesme que les amandes lissées.

Graine de concombre en dragées lissées.

Dans la saison des concombres, serrez-en la graine en un lieu sec : lors que vous en voudrez faire des dragées, ostez l'escorce de dessus cette graine, prenez l'amande de dedans, & faites-en vos dragées : comme celle de graine de melon, mais il ne la faut point secher dans la bassine.

Graine de citroüille en dragées.

Faites vos dragées de graine de citroüille, de mesme que celles de graine de concombre.

Ces trois dernieres sortes se peuvent faire aussi bien à perle comme à lisse, mais elles ne sont pas si bonnes.

Abricots en dragées lissées.

Prenez des abricots confits en sec, ou de la paste d'abricots, pilez-là dans un mortier avec un peu d'eau de fleurs d'orange : faites cette paste par petites boules, comme un pois ; applatissez-la avec les doigts comme une lentille : laissez-la un peu secher, & en faites des dragées de mesme façon que les amandes lissées.

Dragées de chair de citron.

Prenez de la chair de citron tirée au sec : & en faites des dragées de mesme que de la paste d'abricots.

Vous pouvez ambrer & musquer vos pastes en les pilant au mortier.

Vou

Vous pouvez aussi ambrer & musquer toutes sortes de dragées en mettant le musc & l'ambre preparez dans la bassine à la derniere couche que vous leur donnerez avec le sucre.

Remarquez de plus que l'on peut faire des dragées de toutes sortes de fruits confits à secs ou de pastes de fruits.

Pour faire des Gelées de viandes pour les riches.

PRenez un chapon, ou une bonne poulle bien charnuë, un gigoteau de veau, avec un pied ou deux de veau, puis vous lavez bien ledit chapon ou poulle éventré, que laverez dedans & dehors en trois ou quatre eaües, & lesdits pieds de veau & gigoteau en ferez de mesme : & puis au mesme instant vous mettrez le tout dans un grand pot vernissé avec une petite pinsée de sel ; & aprés y mettrez une once de raclure de corne de cerf enfermée au large dans un linge blanc & délié, & ensuite mettez y suffisante quantité d'eau (dautant qu'il n'y faut plus mettre d'eau aprés cela :) Et quand vous l'aurez écumé on tirera en cuisant avec une cueilliere d'argent ce que l'on pourra de la graisse qui surnage, faisant tellement cuire ladite viande qu'elle quitte les os, & que la décoction ou boüillon coulé chaudement par une serviette blanche & nette sans passer la viande, laquelle vous pouvez manger aprés, & puis mettre vostre décoction de gelée dans un grand pot vernissé, & aprés exprimer par dessus ledit noüet de racleure de corne de cerf, si vous en avez mis ; & faut notter qu'il ne faut pas que ladite décoction revienne à plus de trois chopines au plus ; & vostre gelée estan ainsi passée & reposée on en ostera en core la graisse qui surnage par dessus, l plus que l'on pourra ; & puis on couvri ra ledit vaisseau, lequel on mettra, sça voir en Esté & aux grandes chaleurs e une cave ou cellier, & en Hyver e quelque lieu ; & lors que vous en pre drez vous la dégraisserez derechef tre bien avec une cueilliere d'argent, r clant la graisse qui sera dessus ; puis mettra tout ledit boüillon dans un cha dron, ou autre vaisseau sur un feu, cl sans fumée pour se fondre, & esta fondu on le tirera du feu, & au m

DE CONEITURE. 265
me inſtant prendre trois ou quatre cueillerées dudit boüillon chaud dans une écuelle, où l'on délayera un bien peu de ſaffran, que vous verſerez auſſi-toſt parmy ledit boüillon, & reprendre encore dudit boüillon pour laver l'écuelle de la teinture dudit ſaffran qui y ſeroit demeuré, que meſlerez auſſi avec ledit boüillon, puis vous y jetterez une dragme de canelle concaſſée dans le mortier, ou moins ſi vous voulez, avec une demy livre de ſucre coupé par morceaux : Comme auſſi vous battrez dans un plat & reduirez en mouſſe avec le petit balet de joncs, où cinq ou ſix verges de bouleau bien nettes ; liez enſemble trois blancs d'œufs & leurs coquilles écraſées, que jetterez & mélerez incontinant parmy ledit boüillon, les remuant fort avec ledit balet ou verges, puis vous remettrez ledit poeſlon ou baſſine ſur le feu ; & pendant qu'il chauffera vous prendrez deux autres blancs d'œufs & leurs coquilles, leſquels vous preparerez comme les precedens, que jetterez dans la chauſſe ou blanchet ; & quand ledit boüillon commencera à boüillir, & l'écume s'élever,

Z ij

alors il faudra au mesme inftant le paffer tout chaudement par ladite chauffe.

Et en ayant paffé un petit plat, parce que la premiere & les deux, trois & quatriéme d'aprés qui coulent font louches & troubles, faudra le verfer dans ladite chauffe auffi-toft, remettant en l'oftant un autre plat au deffous, puis la reverfant derechef dans ladite chauffe; ce faifant trois ou quatre fois jufques à ce que ce qui coulera foit clair, & non louche; alors faudra recevoir ce qui coulera en deux ou trois plats, ou autres vaiffeaux propres, lefquels vous couvrirez & mettrez en lieux frais en Efté, pour fe prendre & geler, & fera la gelée faite de laquelle on ufera.

Nottez qu'en temps d'Hyver quand on aura verfé ledit boüillon tout chaud dans la chauffe, il faudra mettre à l'entour deux réchauds de braife, de peur que ledit boüillon ne fe congele dans ladite chauffe; & pour le faire mieux paffer, mefmes auffi en Efté, il ne fera hors de propos d'y mettre un réchaud avec feu mediocre autour de ladite chauffe, & principalement quand les trois parts dudit boüillon auront paffé, afin d'entretenir la chaleur dudit boüillon, & que le reste d'iceluy se passe plus aisément ; & ainsi vous pratiquerez de mesme façon en passant les autres gelées.

Pour faire Hypocras blanc & clairet tres-excellent & promptement.

Prenez huit onces de sucre pour pinte de vin clairet, & neuf onces de sucre pour le blanc, à cause qu'il est plus vert que le clairet, demy citron, quatre clouds de girofles, & un peu de canelle, trois grains de poivre entiers, & quatre grains de coriandre avec un petit morceau de zingembre, & huit amandes découpées par morceaux.

Et découpé vostre sucre par morceaux, la canelle & gingembre concassez dans le mortier chacun à part, & puis mettre le tout dans un vaisseau d'estain, ou autre, & aprés y versez dessus vostre vin, meslant le tout ensemble avec une spatule, & laisser le tout infuser une bonne heure, & aprés vous le passerez par la chausse cinq ou six fois, que vous ouvrirez avec deux petits bastons, vostre hypocras sera parfait.

Pour faire encore une autre sorte d'Hypocras blanc tres-excellent.

Prenez trois pintes de bon vin blanc, & une livre & demy de sucre découpé par morceaux, une once de canelle, deux ou trois feüilles de macis, & deux grains de poivre entier, avec deux ou trois morceaux de citron & un grain de musc, que mettrez dans du citron, & l'attacherez au bout de la chausse en dehors, puis laisser le tout infuser ensemble dans un vaisseau, & aprés vous passerez vôtre hypocras dans vostre chausse, laquelle il faut pendre en un lieu que l'on puisse passer vostre vaisseau dessous, & au mesme instant ouvrir la chausse avec deux petits bastons pour recevoir vostre hypocras qui découlera, & ainsi vous le passerez par cinq ou six fois.

Pour faire des dragées & anis musquées.

Pour faire Canelet de Milan.

PRenez de la canelle & la coupez fort déliée, & la mettre dans un bassin avec vn peu de feu deſſous, & puis vous prenez du ſucre que faites cuire à perle, que mettrez dans le parloir, & au meſme inſtant vous le coulerez deſſus ladite canelle en la remuant aſſez doucement par fois avec la main, ou avec une fourchette de bois.

Dragée menuë muſquée.

Prenez de la caſſonnade ou ſucre paſſé dans un tamy, que mettrez dans vôtre poeſle à dragée, & puis y verſer deſſus un peu de ſucre fondu, puis les remuer fort avec la main juſques à ce qu'elle ſoit bien ſeche, & continuant toûjours juſques à ce que voſtre dragée ſoit parfaite.

Dragées d'eſcorce de Citrons ou d'Oranges.

Prenez de l'eſcorce de citrons & d'oranges que couperez bien déliez, que mettrez dans de l'eau fraiſche, & puis faire boüillir de l'eau & du ſel, & les jetter dedans; & lors qu'ils ſeront à demy cuits vous les mettrez dans de l'eau fraiſche, & faire encore boüillir de l'eau pour les achever de cuire, & aprés qu'ils seront cuits vous les mettrez égoutter, & puis faire cuire vostre sucre à demy, & jetter vos lestes de citrons dedans; & ensuite les tirer trois ou quatre fois de dessus le feu, afin qu'ils prennent glasseure; & tout aussi-tost que vostre sucre sera en conserve vous les tirerez sur de la paille, & puis les mettrez sur du papier pour le faire secher devant le feu, ou au Soleil.

Pour faire du Biscuit, Macaron, & Massepin.

Pour faire Biscuit Royal.

PRenez un quarteron de poudre de sucre, demy quarteron de farine & trois blancs d'œufs, puis bien battre le tout dans un plat ou bassin; & si vostre paste est trop humide, il y faut adjoûter de la poudre de sucre, & quelque peu de farine, & faut que sa cuisson soit comme le biscuit de citron, & puis le jetter sur du papier avec de la poudre de sucre par dessus, & comme il est presque cuit il le faut couper avec un coûreau qui soit bien délié & mince, & le changer de place, & après le faire cuire au four, ou dans une tourtiere de cuivre, à laquelle on mettra du feu dessus & dessous, & aprés qu'il est cuit vous le tirerez.

Biscuit de Citrons.

Prenez du sucre & le faites fondre, & en ostez l'écume, & pour voir s'il est cuit il faut moüiller un coûteau dans de l'eau fraische, & voir si le sucre se romp, & si cela est il est cuit, & aprés il convient battre des blancs d'œufs avec du sucre & de la raclure de citrons, & le mesler parmy ledit sucre, & puis l'oster de dessus le feu, & quand il s'enflera dans le poeslon il faut le verser dessus du papier, & après le couper en forme de biscuit.

Des Macarons.

Prenez une livre d'amande que mettrez dans un chauderon avec de l'eau que ferez boüillir huit ou dix boüillons, & puis vous les jetterez dans un bassin plain d'eau fraische jusques au lendemain, &

après les peler ; & à mesure qu'elles seront pelées vous les jetterez encore derechef dans d'autre eau fraîche, & puis les tirer & les faire bien égoutter, & après les bien piler dans un mortier, & les arroser d'eau rose tant soit peu, en les battant, & puis y mettre du sucre en poudre avec trois ou quatre blancs d'œufs dans ledit mortier, & bien piler le tout ensemble, & après mettre vostre paste sur du papier avec une cueilliere, & puis le faire cuire.

Et notter qu'il ne faut pas que le four soit trop chaud, afin qu'il cuise à loisir, & puis les tirer & les mettre en lieu sec & chaud pour les conserver.

Biscuit & Massepain marbré.

Prenez une livre d'amandes pilées, ainsi qu'il est dit, que pilerez tres-fort dans le mortier, & après y mettre du sucre en poudre, & pour deux sols de gomme adragan, & puis piler le tout ensemble ; & après que vostre paste sera faite la mettre dans un poeslon sur le feu, & l'y laisser fort peu, & puis la tirerés hors du poeslon, afin de la repiler encore une autre fois tant soit peu, & faire autant de morceaux de paste comme vous voudrez faire de couleurs, & aprés faire une abesse de chacune couleur, & puis les mettre l'une sur l'autre en les roulant pour les faire tenir & joindre ensemble; & aprés couper vostre paste par morceaux, & que chaque morceau soit abesse de l'épaisseur d'un quart d'écus pour faire biscuit marbré, & les faire cuire comme a esté dit.

Et ainsi vous pouvez faire Massepain, lequel se trouvera de diverses couleurs.

Massepain filé & glacé d'amandes.

Prenez une livre d'amandes que ferez cuire comme dessus, & puis les piler dans un mortier en les arrosant un peu d'eau roses, ou d'eau de fleurs d'orange à diverses fois, en les pilant tant qu'elles soient en paste aussi douce que de farine; puis prendre une livre de sucre que couperez par morceaux, & aprés le mettre dans un poeslon avec un peu d'eau que ferez cuire en conserve, & incontinant jetter vos amandes dedans voſtre poeſlon & le laiſſer ſur le feu, & ſans ceſſe remuer toûjours avec la gache juſques à ce que vos amandes commencent à ſecher, & quitter le poeſlon, & alors vous tirerez voſtre paſte promptement, que mettrez ſur une table avec un peu de ſucre en poudre, puis vous en ferez une abeſſe avec le rouleau, & en prendre un morceau & le filer ainſi que deſireréz.

Et ſi vous voulez le glacer vous prendrez du ſucre paſſé par un tamis, & le délayer avec de l'eau roſe, ou eau de fleurs d'orange pour le glacer de couleurs, & puis prendre du jus de framboiſes, groſeilles rouges, ou de violettes pour délayer voſtre glace : Et ſi vous voulez déguiſer voſtre paſte, prenez-en un morceau & l'eſtendez avec un rouleau, & aprés coupez bien délicatement voſtre paſte de maſſepain de telle façon que vous voudrez, & puis la mettre ſecher dedans le four chaud mediocrement avant que de le glacer avec la pointe d'un coûteau le plus proprement que vous pourrez, & aprés le remettre dans le four, &

DE CONFITURE. 275

le faire parachever de cuire.

Le Maſſepain vert ſe fait avec de la poirée bien pilée.

Pour tirer le jus ou ſuc des fruits.

Pour tirer le ſuc des Meures.

PRenez des meures les plus groſſes, les plus meures, & les meilleures que pourrez trouver, & tant qu'il vous plaira, & puis les mettre dans une groſſe toile neufve, & aprés les mettre dans des preſſes pour en tirer le ſuc ou jus.

Suc de Groſeilles rouges.

Prenez des groſeilles rouges que pilerez dans un mortier de marbre, & puis les mettrez dans la toile, & enſuite à la preſſe.

Suc de Ceriſes.

Prenez des ceriſes & oſtez le noyau, leſquelles vous mettrez dans une toile, ainſi que deſſus, & puis à la preſſe.

Suc de Grenades.

Prenez des grenades & en oſtez l'écorce, laquelle neanmoins il faut preſſer avec les grains qui ſont dedans; & le tout ſoit mis dans une toile, & enſuite à la preſſe.

Suc des Citrons & Limons.

Prenez des citrons & des limons que vous couperez par le milieu, afin de couper toute la poulpe qui ſera miſe dans la toile, & au meſme inſtant à la preſſe.

Et ſi vous deſirez couper autrement vos citrons ou limons, coupez-les par quartiers, & puis ſeparez la peau d'avec la poulpe, que l'on met à la preſſe, comme dit eſt: Et dautant qu'il y demeure toûjours du ſuc avec ladite poulpe, quoy qu'elle ſoit exprimée par la preſſe, vous y pouvez mettre un peu d'eau fraiſche avec, & la laiſſer un peu humecter, & puis vous la remettrez dans la toile, & enſuite à la preſſe, ainſi que dit eſt.

Sucs de Roses rouges & pasles.

Prenez les fleurs desdites roses, que vous pilerez fort dans un mortier de marbre tant qu'elles soient tombées en paste, puis les mettre dans la toile, & au mesme instant à la presse.

Le suc d'épine-vinette se tire de la mesme sorte que les roses.

Suc de Coins.

Prenez des coins & les rapez les uns aprés les autres sur la rape de fer, dautant que l'on en tirera davantage de suc que s'ils estoient pilez entiers dans le mortier de marbre ; puis vous mettrez ce qui sera rapé dans une toile forte, & incontinant aprés à la presse.

Pour clarifier les susdits sucs.

Incontinant que vous aurez tiré les susdits sucs, ainsi que dessus est dit, vous les mettrez chacun à part dans une bouteille de verre forte au Soleil, ou autre lieu, repofer l'efpace de quatre ou cinq jours, ou davantage s'il en eftoit befoin, afin que le mare décende au fonds, lefquels vous pafferez chacun à part par la chauffe ou blanchet doucement, de crainte que le marc qui fera tombé au fonds ne fe mefle & trouble le clair, qui doit feulement paffer.

Et fi au mefme inftant vous vous en voulez fervir pour en faire des firops, ou bien les garder, vous les mettrez dans une bouteille de gros verre fort, laquelle emplirez jufques à trois doigts prés du bord, puis y verfer deffus l'épaiffeur d'un doigt d'huile d'olive, & aprés la boucherez & ferrerez pour vous en fervir.

Et lors qu'en voudrez ufer il faudra prendre du cotton pour en tirer l'huile, laquelle s'y attachera, & aprés vous verrez vofdits fucs nets & clairs, que pafferez derechef par ladite chauffe ou blanchet pour eftre plus clairs.

Le fuc de meures fe clarifie ainfi, eftant boüilly un boüillon dans un poeflon de cuivre rouge, puis le paffer tout chaudement une fois feulement

ment petit à petit par la chausse, & de ce qui en sortira aussi-tost on en fait le sirop avec le sucre.

Ou bien prenez ledit suc de meures, & le mettez au mesme instant, sans chauffer, dans une cruche que lairrez rasseoir l'espace de deux jours & demy, puis vous le passerez par deux fois par ladite chausse ou blanchet ; & aprés vous ferez le sirop avec le sucre, & puis mettre sur une livre de suc ou jus trois quarterons de sucre.

Le suc de cerises se clarifie au Soleil, & aprés l'on le passe par le blanchet, & de ce qui est coulé on en fait aussi le sirop avec du sucre.

Pour tirer le suc de Pommes & le clarifier.

Prenez des pommes & les rapez l'une aprés l'autre, ainsi que les pommes de coins cy-dessus, & puis en tirer le suc de la mesme sorte, & aprés le faire boüillir un boüillon ou deux, & puis le passer par la chausse, & ce qui en coulera le mettre dans une bouteille au Soleil, ou autre lieu, rasseoir quatre ou cinq jours, afin que le mare décende peu à peu doucement au fonds, lequel il faudra derechef passer par ladite chausse ou blanchet bien net, pour en faire des sirops, ainsi qu'il sera dit cy-aprés.

Et si vous en voulez garder faudra le mettre dans une bouteille de verre forte, & puis y mettre de l'huile dessus, comme esté dit cy-devant.

Et faut notter qu'en temps d'Hyver les susdits sucs doivent estre mis à la cave, de crainte qu'ils ne gelent.

Des Confitures de fleurs au sec.

Pour confire des Roses seches.

PRenez des roses que ferez boüillir deux ou trois boüillons, & puis les tirer & mettre égoutter, & aprés les confire dans du sirop de conserve, & puis les retirer l'une aprés l'autre, les élargir & mettre sur de la paille, & aprés les faire secher au Soleil.

Boutons de Roses au sec.

Prenez des boutons de roses & les

piquez en cinq ou six endroits avec un poinçon, & puis prendre de l'eau boüillante & les mettre dedans, & aprés les faire boüillir dix ou douze boüillons, & puis les tirer & faire égoutter; & aprés les confire dans du sirop de conserve, & puis les tirer & mettre sur de la paille, & ensuite les mettre secher au Soleil.

Boutons d'Oeillets au sec.

Prenez des boutons d'œillets que vous piquerez en cinq ou six endroits avec un poinçon, & aprés les mettre dans de l'eau boüillante que ferez boüillir dix ou douze boüillons, & puis les tirer & faire égoutter, & aprés les confire dans du sirop de conserve, & puis les tirer & mettre sur de la paille, & ensuite les mettre secher au Soleil.

Pour Confire toutes sortes de Fleurs au sec.

Prenez des fleurs que ferez boüillir dans de l'eau deux ou trois boüillons, puis vous les tirerez & ferez égoutter, & aprés vous les mettrez confire dans du sirop de conserve, & puis les tirer l'une aprés l'autre, & faire ainsi que dessus.

Pour blanchir du Fenoüil & Anis en bouquets de Fraises, Framboises, Groseilles rouges, des Roses, des Oeillets & des Violettes, & les mettre en couleurs au sec.

Pour blanchir du Fenoüil & Anis en bouquets au sec.

PRenez du fenoüil en branche & le coupez en bouquets de la longueur de la main, & mettre à chacun un filet, & puis le tremper dans de l'eau rose, ou d'eau de fleurs d'orange; & aprés prendre du sucre en poudre passé par le tamis, & puis en soupoudrer vostre fenoüil & anis, & ensuite le mettre secher sur du papier auprés du feu.

Pour mettre du Fenoüil en couleur rouge.

Prenez du jus de grenades avec un blanc d'œuf, & de l'eau de fleurs d'orange, que vous battrez bien ensemble, puis vous tremperez vostre fenoüil dedans; & aprés prendre du sucre en poudre & en soupoudrer vostre fenoüil, lequel vous mettrez sur du papier blanc au Soleil, ou devant le feu pour le secher.

Et nottez que le jus de grenades est le meilleur.

Pour mettre du Fenoüil en couleur bleuë au sec.

Prenez du tourne-sol & le rapez dans de l'eau tant qu'elle soit bien bleuë, & y mettre un peu de poudre d'Iris, avec un blanc d'œuf, puis battre le tout ensemble, & aprés tremper vostre fenoüil dans cette eauë, & puis soupoudrez vostre fenoüil de sucre en poudre, & ensuite le faire secher ainsi que dessus.

Pour blanchir des Œillets, des Roses, & Violettes.

Prenez un blanc d'œuf avec une petite goutte d'eau de fleurs d'orange, puis bien battre le tout ensemble, & aprés mettre vos fleurs tremper dedans tres-bien, & ensuite les égoutter & soupoudrer de sucre en poudre, que ferez sécher ainsi que dessus.

Pour blanchir des Fraises, Framboises, & Groseilles rouges au sec.

Prenez des blancs d'œufs avec une goutte d'eau de fleurs d'orange, & puis tremper dedans vos fraises, framboises, & groseilles, aprés prendre du sucre en poudre que mettrez dans un bassin, & puis jetter dedans vosdites fraises, framboises & groseilles, que vous roulerez dedans vostre bassin, afin de les bien blanchir ; & ensuite vous les faites sécher comme est dit cy-dessus.

Ce fenoüil blanchy & en couleurs ensemble les œillets, roses, fraises, framboises, groseilles & violettes se doivent servir à la fin du repas.

Des Conserves tres-excellentes aprés le repas.

Pour faire de la Conserve de Roses de Provins.

PRenez des roses de Provins les plus rouges que faire se pourra, & les secher dans une vaisselle le plus que vous pourrez, en les remuant souvent à la main à petit feu, puis les bien battre dans un mortier, & aprés les passer dans une estamine bien déliée, & ensuite les détremper dans un jus de citron, & sur ledit jus y mettre demy once de roses; & à faute du citron vous prendrez du verjus; puis prendre du sucre & le faire cuire jusques à la plume, & aprés l'oster de dessus le feu, & blanchir un peu avec la spatule; & aprés vous mettrez vos roses dedans tant que vostre conserve ait pris couleur: Et si vostre sucre estoit trop cuit, vous y adjoûterez demy jus de citron, selon que jugerez estre à propos, & puis laisser un peu vostre conserve reposer, & incontinant aprés vous la dresserez.

Conserve de Citron.

Prenez des citrons & les rapez, & puis prendre la peleure & la mettre dans de l'eau, & aprés l'oster & la mettre secher devant le feu mediocrement, & puis prendre du sucre & le faire cuire à la premiere plume qu'il fera, & l'oster de dessus le feu; & puis mettre vostre rapeure de citron dedans, & aprés le blanchir avec la spatule, y adjoûtant du jus de citron s'il est de besoin, & ensuite la dresser.

Conserve de Grenades.

Prenez des grenades & ostez l'écorce, puis prendre les grains & les presser, & aprés prendre le jus & le mettre dessus une assiette & le dessecher à petit feu, ou sur un peu de cendres chaudes, & puis prendre du sucre que ferez cuire à la plume, & le faire cuire plus fort que les autres (c'est à dire tres-fort) puis l'oster de dessus le feu & le blanchir; & aprés mettre vostre jus dedans, & vous trouverez vostre conserve.

Conserve

Conserve de Pistaches.

Prenez des pistaches que pilerez dans un mortier, & puis faire cuire vostre sucre à la plume & le blanchir, & aprés mettre vos pistaches dedans, & les remuer fort dans le sucre, & puis vous la dresserez.

Conserve de Cerises & d'Abricots.

Prenez des cerises ou des abricots que couperez par petits morceaux, puis mettre du sucre en poudre par dessus, & les dessecher auprés du feu ; & aprés prendre du sucre que ferez cuire à la plume un peu fort, puis oster vostre sucre de dessus le feu, & ensuite mettre vostre fruit dedans : Et quand elle sera cuite l'oster de dessus le feu & la blanchir, & puis prendre garde avec une cueilliere quand il se fait la petite glace, & aprés vous la tirerez & dresserez.

Conserve de Framboises.

Prenez des framboises bien épluchées

& passées dans un tamis bien fin, puis prendre quatre livres de sucre que ferez cuire en sucre rosat bien fort, & aprés le blanchir jusques à ce qu'il soit froid, puis jetter dedans ce qui sera sorty de vos framboises que ferez cuire, & ensuite vous voyez si vostre couleur est belle, & aprés la tirer.

Conserve de Groseilles rouges.

Prenez six livres de sucre & le faites cuire en sucre rosat, puis jettez quatre livre de groseilles dedans vostre sucre, & aprés la laisser boüillir tant qu'elle soit cuitte, & puis la dresser.

Conserve d'eau de fleurs d'orange.

Prenez une livre de sucre, & plein la coquille d'un œuf d'eau de fleurs d'orange; & quand vostre sucre sera en conserve jettez vostre eau de fleurs d'orange dedans, & puis la faites boüillir deux ou trois boüillons, & la remuer toûjours tant qu'elle ait passé son feu, & aprés la tirer sur du papier.

Conserve de fleurs d'Orange.

Prenez une livre de sucre que ferez cuire en conserve, puis jetter dedans une poignée de fleurs d'orange bien hachées avec un coûteau, & aprés la faites boüillir deux ou trois boüillons, & puis la tirer de dessus le feu, & luy laisser passer son feu, & ensuite la tirer sur du papier.

Conserve de fleurs d'Orange liquide.

Prenez une livre de fleurs d'orange & les éplucher feüilles par feüilles, que ferez boüillir dans de l'eau dix ou douze boüillons jusques à ce qu'elle s'attendrisse; puis les tirer de cette eau boüillante, de crainte qu'elles ne noircissent; & aprés vous les laverez proprement avec la main, & les bien essuyer dans un linge blanc & fort délié, & puis les piler dans un mortier de marbre tant qu'il en sera de besoin; & en les pilant les arroser de jus de citron; & aprés prendre deux livres & demy de sucre fin que ferez cuire à part jusques à la premiere neige ou plume, puis vous le laisserez refroidir ; & lors qu'il sera à demy froid vous mettrez vos fleurs d'orange dedans, & la bien remuer tant qu'elle soit bien meslée avec le sucre ; & aprés vous la tirerez pour la mettre dans des pots de fayance bien nets, & puis la bien couvrir de papier blanc sans la mettre au Soleil.

Conserve meslée.

Prenez de l'écorce de citron & tirer le vert de dessus de trois costez, & la bien hacher ; & pour une livre de sucre prenez six abricots confits au sucre de cerise, & puis hacher bien le tout bien menu, & mesler le tout ensemble avec du sucre en poudre : Et quand vostre sucre sera en conserve mettez le tout dans vostre poeslon, & la faites boüillir deux ou trois boüillons, & aprés vous la tirerez sur du papier.

Conserve d'Amandes.

Prenez un quarteron d'amandes pelées & bien lavées, & puis les essuyer, &

après les piler dans un mortier ; & puis prenez une livre de sucre que vous ferez cuire en conserve ; & ensuite jettez vôtre paste d'amandes dedans, la bien mouver, & luy faire prendre un boüillon, & aprés la tirer sur du papier.

Conserve marbrée.

Prenez du sucre bien fin passé dans un tamis, que ferez cuire en conserve, & puis vous la jetterez dans des vaisseaux selon la quantité qu'en voudrez faire ; puis meslez vos couleurs que reduirez en paste afin de la rouler avec un rouleau ; & puis mettre toutes vos pastes les unes sur les autres, & faites qu'elles tiennent toutes ensemble ; & aprés vous les couperez avec un coûteau, & puis vous les glasserez des deux costez ; & aprés faites prendre voltre conserve dedans un fourneau, & pour ce faut avoir des coins qui soient beaux, fort jaunes & sans taches, que couperez par quartiers ; & puis ferez cuire dans de l'eau jusques à ce qu'ils soient mollets ; aprés les tirer & faire égoutter, & ensuite faire fondre voltre sucre en la mesme eau, lequel doit eſtre plus cuit que le ſirop, & puis mettre vos coins & tous les pepins enfermez dans un noüet, & le tout doit eſtre ſoigneuſement couvert juſques à ce qu'elle ſera parfaitement cuitte pour la garder au beſoin.

La conſerve de roſes, de jaſmin, d'œillets, de ſoucy, de violettes de Mars, feüilles de bugloſe, bourroche, ſauge & romarin ſe font de meſme ſorte que celle de fleurs d'orange.

Nottez que pour bien garder voſtre conſerve il faut mettre dans des pots de terre verniſſez, ou de grets, la couvrant d'un papier non pertuiſé, & l'expoſant au Soleil l'eſpace de trente ou quarante jours, la remuant deux ou trois fois la ſepmaine avec la ſpatule, afin que la chaleur du Soleil la cuiſe de tous coſtez.

Des Confitures à la Compote au sucre.

Pour faire compote de Poires en guise de Coins rouges.

PRenez des poires & les pelées, que couperez par quartiers, & puis prendre une livre de sucre, & chopine d'eau, que ferez cuire dix ou douze boüillons; & aprés mettez vos poires par quartiers dedans vostre sucre; & comme elles seront à moitié cuittes mettez-y un peu de gros vin couvert pour les rougir; & puis les parachevez de faire cuire jusques à ce que vostre sirop soit en gelée; & ensuite les oster de dessus le feu, & les mettre dans des pots de grets, de fayance, ou autre pour en user à vôtre besoin.

Compote de Coins par quartiers meurs.

Prenez des gros coins meurs & les coupez en trois ou quatre quartiers, suivant la grosseur du fruit (& non pas tout à fait) mais que les quartiers se tiennent enfemble, comme s'ils eſtoient entiers, & les mettre dans une baſſine ſur l'eau avec de l'eau nette juſques à ce qu'ils commancent à boüillir; & lors qu'ils ſeront un peu tendre & mollets, vous les oſterez de deſſus le feu, & puis les laiſſer un peu imbiber en l'eau, & aprés les tirer & mettre rafraiſchir, & puis les peler & oſter les pepins; & enſuite les confire comme des abricots, & puis les mettre dans un vaiſſeau bien net.

Compotte de toutes ſortes de Pommes par quartiers.

Prenez des pommes & les pilez, que couperez par moitié ou par quartiers, ſuivant la groſſeur; & ſi elles eſtoient petites vous ne les couperez point, ains vous les laiſſerez entieres, que ferez boüillir dans de l'eau dix ou douze boüillons, puis les tirer & les mettre égoutter, & aprés prendre du ſucre avec un peu d'eau, que vous ferez cuire juſques à ce que voſtre ſucre ſe jette en conſerve; & faut mettre autant peſant de ſucre que de pommes, & puis jetter vos pommes dedans, que ferez boüillir promptement, & tant que vostre sirop soit parfaitement cuit; & si vous desirez les faire rouges il les faut couvrir en cuisant, que ferez vernissé; & pour un quarteron de poires mettez-y demy livre de sucre, & un peu de canelle, & les faire cuire à petit feu.

Et nottez qu'il ne faut pas qu'il y demeure du sirop que ce qu'il en sera de besoin.

Compotte de Poires en guise de Pommes.

Prenez des poires que vous pelerez, que couperez en quatre, cinq ou six quartiers selon leur grosseur; & puis prendre du sucre & de l'eau que ferez boüillir dix ou douze boüillons; & aprés mettre vos poires dedans jusques à ce que vostre sirop soit cuit en perfection, & si vous voulez vous y pouvez mettre des petits bouquets de fenoüil.

Compotte de Citron.

Prenez des citrons que pilerez & couperez par morceaux ou tranches, &

aussi-tost aprés les jetter en eau fraische, puis les faire boüillir jusques à ce qu'ils plient sous le doigt, & aprés les mettre égoutter, puis prendre autant de pommes que de citrons pelées & hachées, que ferez aussi boüillir dans de l'eau; & ensuite prendre lesdits citrons & pommes que vous passerez dans une serviette, & puis prendre ce qui en sera sorty, que mettrez dedans vostre sucre qui aura boüilly dix ou douze boüillons avec un peu d'eau, les oster du feu, & leur laisser prendre le sucre une heure ou deux; & aprés les faire parachever de cuire promptement jusques à ce que vostre sirop soit cuit en perfection.

Et notter qu'il faut autant de sucre que de citrons; & si vous desirez garder ladite compotte il est de besoin qu'elle soit bien cuitte.

Pour confire toutes sortes de fruits sans sucre.

Prenez tel fruit que vous voudrez pour confire, & qui sera propre à faire du suc ou jus, que ferez boüillir dans de l'eau jusques à ce qu'il soit en paste, puis passer vostre fruit dans un linge, & aprés mettre vostre jus ou suc dans un poeslon, & le faire boüillir jusques à ce qu'il fasse la perle, & puis jetter dedans le fruit que vous aurez choisi pour confire qui sera assez meur, lequel vous ferez cuire à discretion.

Pour faire de la gelée du mesme fruit aussi sans sucre.

Prenez vostre jus ou suc que ferez boüillir jusques à ce qu'il s'éleve sur l'assiette, & puis vous la mettrez dans des boëtes, ainsi que les precedentes confites au sucre : Mais il faut qu'elle soit bien cuitte.

Pour faire eauë de canelle.

Prenez une livre de fine canelle, concassez-la & la mettez infuser l'espace de vingt-quatre heures dans un vaisseau de verre avec quatre livres de bonne eau rose, & demy livre de bon vin blanc sur les cendres chaudes, ou en lieu chaud, ledit vaisseau bien couvert ; puis jettez le tout dans un alambicq de verre, pour estre distillé au bain marie, & ladite eauë doit estre gardée dans une bouteille de verre double bien bouchée, en lieu propre.

Pour faire eauë de canelle plus prompte.

En la necessité qu'on peut avoir de ladite eauë de canelle vous prendrez une demy once ou six dragmes de bonne canelle concassée dans le mortier, & puis la faites boüillir dans une livre de bonne eauë commune jusques à ce qu'elle soit diminuée de moitié ; & aprés vous la coulerez & mettrez dans une bouteille de verre ainsi que dessus.

Pour tirer de l'huile d'amandes douces.

Prenez une livre d'amandes douces choisies que pilerez avec eau tiede, puis vous les pilerez promptement dans un mortier de marbre, avec un pilon de boüis, jusques à ce qu'elles soient reduites en paste, laquelle mettrez dans une toile ou estamine un peu lasche en la presse, en l'exprimant doucement, & petit à petit.

Pour faire moutarde de Dijon.

Prenez pour un sols de moutarde commune, & trois ou quatre petites cueillieres d'argent de la raisinée qui se fait de raisins noirs en temps de vendanges, ou bien du moust qui est du vin cuit, qui se fait aussi en mesme temps que vous délayerez bien avec vostredite moutarde, y adjoûtant un peu de poudre de canelle battuë dans un mortier de marbre avec un grain de bon musc.

Petits fromages à la cresme qui se mangent depuis Pasques jusques à la S. Jean.

Prenez une pinte de cresme de la meilleure, & faites chauffer de l'eau sur le feu, tant que ne puissiez souffrir les dogts dedans, puis vous mettrez vostre cresme dans un pot, que mettrez dans vostre eau chaude ; & aprés vous prendrez la grosseur d'un petit bouton de présure que vous délayerez dedans, & puis la tourner un peu de temps, & aprés la laisserez refroidir dans ladite eau; Et lors que vous verrez que vostre cresme sera bien prise, vous prendrez un linge bien blanc que vous verserez dans un casarol.

Fromage à la cresme.

Prenez au matin à la fraischeur du laict doux que mettrez dans un chauderon bien net que ferez un peu chauffer sur le feu jusques à ce qu'il soit tiede, puis l'oster de dessus le feu, & aprés y mettre le gros d'un petit poix de presure, & puis le bien remuer & le passer au travers d'un linge blanc dans une terrine, & aprés le laisser reposer jusques à ce qu'il soit pris.

Cresme à la mode d'Angleterre.

Prenez de la cresme douce que ferez un peu tiedir dans une vaisselle, puis prendre la grosseur d'un grain de bled de présure, que vous délayerez avec un peu de laict dans vne petite cueillere d'argent, & aprés vous le jetterez dans vostre vaisselle, & puis vous y passerez un tour ou deux de cueilliere, & vous la laisserez auprés du feu que couvrirez.

Des Confitures au miel.

Pour clarifier le miel pour confire des fruits.

PRenez telle quantité de bon miel que jugerez estre convenable pour faire vos Confitures, que vous mettrez dans une bassine avec autant de bonne eauë, leur faisant prendre un boüillon ou deux, afin qu'ils se délayent ensemble; & incontinant aprés vous les passerez par une estamine ou gros linge bien blanc, & puis prendre la coulature; & sur deux livres de la coulature on mettra un blanc d'œuf avec sa coquille écrasée (comme a esté dit cy-dessus des Confitures au sucre) pour le clarifier; & aprés leur avoir donné deux boüillons sur le fourneau, vous le passerez au mesme instant par une estamine, ou gros linge sans exprimer; Et aprés vous ferez cuire cette seconde coulature en telle consistance que vous jugerez bon estre.

Mais nottez que pour la clarification des fucres, firops & miels; alors qu'ils cuifent on ne les doit point écumer, ains feulement fur la fin de leur cuiffon; & aprés qu'ils font tirez de deffus le feu (quand toutefois les miels, firops & fucs font bons, & non autrement) & alors il fera fort bon de les écumer au milieu de la cuiffon, s'ils jettent en quantité d'écume fale & orde.

Cerifes au miel.

Prenez des cerifes que vous éplucherez, ainfi que cy-devant eft dit aux Confitures au fucre, & puis faire cuire voftre miel plus qu'à demy, & aprés mettre vos cerifes dedans, que ferez cuire à difcretion : Et notez que pour une livre de cerifes il faut demy livre de miel.

Prunes au miel.

Prenez des prunes telle quantité que voudrez, puis prendre du miel à proportion de voftre fruit, fçavoir fur une

une livre de prunes trois quarterons de miel, & le sirop à demy cuit, & aprés les faire cuire à discretion, & faut clarifier vostre miel.

Cotignac au miel.

Prenez cinq livres de coins par quartiers, & puis prendre trois livres de miel que ferez clarifier ainsi que dit est cy-dessus; puis mettre vos coins dedans, que ferez cuire à discretion: Leur cuisson est semblable à celle du sucre.

Noix vertes au miel.

Prenez un cent & demy de noix vertes que vous ferez détremper, ainsi qu'il est dit cy-dessus, pour les confire au sucre, piquées de canelle & escorce de citron, & sur lesdites noix, & pour confire ledit cent & demy, faut prendre deux livres & demy de bon miel clarifié, & le sirop à demy cuit, que ferez cuire à discretion.

Cc

Des Confitures au moust.

Pour faire du moust, ou autrement vin cuit, en temps de vandange, pour confire promptement des fruits.

PRenez des raisins muscats, ou autres raisins blancs bien murs cueillis en temps sec, & non pluvieux, les meilleurs que pourrez trouver, parce que les raisins blancs sont plus délicats que les raisins noirs, que mettrez sept ou huit jours sur des ais exposez au Soleil pour le jour; & pour la nuit les faudra mettre à couvert de crainte de la rosée, & après vous les foulerez comme l'on fait d'ordinaire la vendange, afin que vostre vin cuit en provenant, puisé par dessus, vous n'en prendrez que la fine fleur, laissant le marc au fonds, qui sera porté dans la chaudiere de cuivre, y faisant du feu clair, & sans fumée, où le moins que faire se pourra, qu'il faudra faire promptement boüillir jusques à ce qu'il n'en revienne que le tiers, ou un peu plus que de la moitié, & puis vous l'osterez du feu pour le mettre refroidir dans des cuvettes de bois, & non d'autres uſtancilles, avant que de mettre dans voſtre vaiſſeau ; & cependant qu'il boüillira vous l'écumerez tres-bien, afin de le décharger de ſon ordure ; & eſtant retiré du feu vous l'écumerez fort avec des grandes cueillieres de bois, en le jettant de haut en bas dans le chauderon, pour le bien purger & le faire cuire en lieu expoſé à l'air, parce que la fumée n'en eſt pas bonne, & infecte la perſonne, ſi l'on le fait en lieu clos, où il n'y ait point d'air.

Et aprés que voſtre vin ſera refroidy, vous les pourrez mettre dans des vaiſſeaux de bois bien nets, puis les mettre en la cuve comme d'autres vins, & prendre bien garde que vos vaiſſeaux ſoient bien clos, crainte qu'ils ne s'éventent, afin de conſerver voſtre vin plus longuement.

Puis vous vous pouvez ſervir de ce vin cuit pour confire des fruits, ainſi qu'il ſera dit cy-aprés, en y mettant de la canelle en poudre ou en petits morceaux, & en larder voſtre fruit.

Pour faire Raiſinée auſſi en temps de vendange.

Prenez telle quantité que voudrez de bons raiſins noirs, des plus meurs & plus délicats que pourrez trouver, leſquels vous égrenerez jettant les raf-fles, & aprés vous les preſſerez entre vos mains, & les mettrez dans un chauderon ou poeſle de cuivre avec le jus, les faiſant boüillir ſur du feu clair, en les remuant continuellement avec une ſpatule ou cueilliere de bois, afin qu'ils ne ſe bruſlent au fonds, juſques à la conſommation du tiers ; puis vous la paſſerez par un couloir ou linge aſſez clair pour tirer le reſte du jus, & lequel jus ſera mis au meſme inſtant dans le chauderon, le faiſant boüillir en l'é-cumant & remuant par fois avec ladi-te cueilliere ou ſpatule, & nottamment ſur la fin, quand il commence à s'épaiſſir, de crainte qu'il ne ſe bruſle.

Et pour le reconnoiſtre vous en prendrez un peu avec voſtre cueilliere, que mettrez ſur une aſſiette; & s'il demeure ferme eſtant refroidy, & ne tombant de coſté ny d'autre, vous eſtes aſſeuré qu'il eſt cuit, lequel vous tirerez du feu & mettrez tout chaudement dans des pots de grets ou de terre plombée.

Nota, que ladite raiſinée ſe peut garder deux ans ou plus.

Elle eſt auſſi excellente à manger ſur du pain au matin, & meſme à faire des ſauces douces.

Pour confire des Coins au mouſt.

Prenez des coins des plus beaux & des meilleurs, & bien meurs, que vous couperez par quartiers, & puis les pelerez bien proprement, & oſterez tous les pepins, & aprés les ferez boüillir un boüillon dans de l'eau claire, & puis vous les ſecherez entre deux linge, cependant que voſtre vin boüillira dans un chauderon à feu de charbon, aprés l'avoir bien écumé juſques à ce qu'il ne jette plus d'écume en boüillant, & puis vous mettrez cuire dedans vos coins juſques ce que vostre moust soit diminué un à peu plus que de la moitié : Cela estant vous prendrez un quartier de vos coins, lequel vous fendrez en deux, afin de voir si vostre moust a penetré jusques au milieu, & y avoir laissé une couleur rouge : Et si vous voulez que vos coins soient bien rouges, il faudra mettre dans vostre moust un peu de gros vin rouge sur la fin de la cuisson, & aprés vous la tirerez hors du feu, & les mettrez dans un vaisseau de terre vernissé, y adjoûtant à chacune piece de coins un bien peu de canelle, & les larder ainsi ; ou bien vous mélerez parmy ledit moust cuit quelque peu de poudre de canelle, afin que vos coins se puissent conserver longuement en bonté, si vostre vaisseau est bien couvert.

Nota, qu'il n'est de besoin de mettre ses Confitures au Soleil, comme plusieurs personnes font, ains il convient les fermer dans un cabinet.

Pour confire des Auberges, Pesches, Prunes, & Poires au moust.

Les auberges, pesches, & prunes seront aussi confits avec le moust, dans lequel les fruits s'y conserveront tres-bien durant l'année : Et faut notter qu'il ne sera besoin de les larder avec de la canelle comme les coins, ains seulement d'en mettre parmy le moust.

Et semblablement faut notter que vos fruits doivent estre cueillis non trop meurs, mais un peu fermes & tous entiers; l'on les mettra dans le moust, ayant auparavant esté piquez par divers endroits avec un poinçon de bois, & puis aprés tenus un peu dans l'eau chaude.

Toutes sortes de poires se confisent avec le moust en la maniere susdite, pourveu que leur maturité s'accorde avec celle du moust (qui sont celles de vendanges) entre lesquelles la poire bergamotte est tres-excellente, & quelques-autres de telle saison : Les plus grosses seront coupées par le milieu, ou en quartiers, lesquelles pellerez & osterez leurs pepins : Et pour les petites vous les mettrez toutes entieres sans peler, & puis vous les ferez boüillir tant soit peu, (toutes sortes de poires) avant que de les jetter dans le moust pour les confire entierement; puis vous les larderez de la canelle comme les coins, & aprés vous les dresserez dans des vaisseaux de fayance de grets, ou de terre plombée que fermerez dans un cabinet pour vous en servir au besoin.

Observations sur les qualitez des fruits bons & fiévreux pour la santé.

LE citron doit estre tenu pour le premier & le plus excellent de tous les fruits, fort cardiaques pour estre de diverse temperature: son odeur est odoriferante en tout temps, & empesche la pourriture & la corruption en quelque lieu qu'on le mette, mesme contre les poisons & contre la peste, & à toute débilité de partie noble, mais principalement du cœur.

Les grenades, oranges, limons & poncilles suivent de prés le citron, & approchent de sa qualité, en ce qu'ils sont fort cardiaques, & qu'ils résistent puissamment à la pourriture & à la peste, mesme à toutes sortes de poisons.

Les

Les capres & olives sont un peu de dure digestion, mais loüables en ce qu'elles excitent l'appetit, & fortifient l'estomac par leur acidité.

Les noisettes & les amandes sont presques temperées, & assez bonnes au dessert.

Les pignons & les pistaches échauffent un peu, & fortifient le foye de ceux qui l'ont débilité.

Les chastaignes & marons font un sang grossier, & engendres des vents, resserrent le ventre, & ne se digerent pas aisément.

Les poires, les coins, les nefles, cornoilles & cormes ne se doivent manger par gens bien sains qu'à la fin du repas, & à leur dessert en petite quantité, afin que par leur vertu astringente ils fassent comprimer le ventricule, & aident à la digestion, beuvant par dessus un verre d'eau, qui vaut beaucoup mieux que du vin.

Nota aussi qu'entre les fruits qui ne sont point de garde, & qui se corrompent aisément, il faut prendre les plus humides, & les manger à l'entrée de table, comme sont les prunes, les cerises, les meures, les pesches & les raisins; mais les autres plus solides & astringens qui ne se pourissent pas si-tost doivent estre servis à la fin du repas tels que sont les coins, poires, amandes, chastaignes marons, noix, & avelines.

Et faut notter qu'entre tous les fruits des arbres qui se peuvent cuire au feu n'engendrent gueres de mauvais suc si on les mange cruds, & avant que de les faire cuire.

Vous notterez encore que les cerises & les raisins bien meurs sont les premiers fruits qui doivent estre mangez en temps & saison, & peu à la fois, puis aprés les prunes de Damas, les groseilles rouges, les fraises, les pommes bien meures, & principalement de la Reinette, de Courpendu, & de Carville, les abricots, les pesches & les noix.

Les melons, concombres & citroüilles sont en quelque façon bons aux billieux; car ils rafraîchissent grandement, & partant sont meilleurs à ceux qui ont le foye bilieux & remply de chaleur, qu'aux autres de differente temperature.

Aprés les fruits suivent les herbes qui

nourrissent fort peu, mais en recompense ont des qualitez alteratives, par le moyen desquelles elles échauffent ou refroidissent, mangées en potage ou en salade.

La laictuë est la premiere de toutes, comme ayant vertu de nourir, encore qu'elle rafraîchisse beaucoup : elle est froide & humide autant qu'est l'eau de fontaine ; elle étanche la soif, elle arreste le flux de semence, & rafraîchissant fort les parties genitales, & est bonne aussi à ceux qui sont inquietez des songes amoureux.

Aprés la laictuë on met au rang des herbes rafraîchissantes l'oseille, la chicorée, le pourpier, la poirée & les espinarts, desquels on se sert tous les jours.

Et quant aux herbes chaudes, sont les artichaux, les raves, les asperges, le houblon, le cresson, le persil, le fenoüil, la rocquette, la sauge, l'hisoppe, le thim, la sariette, la pimpernelle, les aux, les oignons & poirreaux, desquelles on ne doit user que fort sobrement.

Et aprés les herbes suivent aussi les choses qui servent à assaisonner, confire, & conserver long-temps.

Le miel est chaud & acre, le sucre le suit de prés, encore qu'il soit un peu moins chaud, plus agreable, moins alterant, & meilleur à l'estomac.

Le sel est chaud ; & comme sont aussi toutes les espiceries, & principalement le gingembre, le poivre, les clouds de girofle, les noix muscades & la canelle.

La moutarde est fort chaude & fort seche.

L'huile d'olives est temperé, c'est à dire ny chaude, ny froide.

Le vinaigre est de temperamment mélé entant que vinaigre ; il est froid entant qu'il est fait de vin pourry ; il a quelque degré de chaleur qui demonstre son acrimonie ; il est neanmoins bien plus froid que chaud. Outre plus il desseche grandement, donne appetit, fortifie l'estomac, & rend les sausses savoureuses, mesme la salade.

Le verjus le ressemble en quelque chose ; mais il n'échauffe point du tout, & restraint davantage.

Boüillon de merveilleux effets pour la pierre & gravelle.

Prenez un chapon & un jaret de veau cuit en eau avec une poignée d'orge mondé, racines de perfil, oseille, fenoüil, chicorée, brusce, de chacun une once, des quatre semences froides concassées de chacune demy once ; A la fin vous adjoûterez feüilles d'oseille, pourpier sauve, sommitez de mauves, violettes de Mars de chacune demy poignée, puis sera gardé le boüillon, duquel le patient en prendra par quatre matins deux heures avant manger, la quantité d'un petit verre, avec un doigt de jus de citron, le faisant boüillir un boüillon avant chaque prise ; & en bref on verra une operation merveilleuse, & est un aliment medicamental.

Pour rendre le sel commun blanc comme albastre.

Prenez du sel commun tant qu'il vous plaira, que mettrez dans un pot de terre avec suffisante eau claire, que ferez fondre, & luy donnerez un boüillon, & puis vous le passerez dans une grosse serviette neufve, mise en trois ou quatre doubles; & aprés vous verrez que vostre eauë sera claire comme celle de fontaine: Vous la remettrez sur un fort grand feu bien clair, & à mesure que l'eau se consommera faudra en diminuer le feu jusques à ce que l'eauë soit tout à fait ébeuë, & vous trouverez au fonds de vostre pot un sel aussi blanc que neige, que vous secherez le plus que vous pourrez sur le feu: Et pour le conserver bien sec vous le mettrez à l'estuve étendu sur du papier blanc pour vous en servir au besoin.

F I N.

AVIS NECESSAIRE AU Lecteur Confiturier, pour se servir utilement de ce Livre.

Aprés toutes ces façons de Confitures & d'autres choses qui dépendent en quelque façon du Confiturier, quelqu'un se pourroit plaindre que ce qui y est discouru n'est pas assez éclaircy, quoy qu'il y ait des esprits assez intelligens pour ne pas faire cette plainte ; neantmoins pour contenter les fantasques & les critiques, j'ay jugé à propos d'adjoûter icy quelques connoissances assez generales & assez communes, qui aideront pourtant l'usage & la pratique des choses qui sont icy exprimées, & sans lesquelles j'advoüe que l'on pourroit s'y méprendre.

Je vous donne donc cet avis, Lecteur, afin que vous en fassiez vostre profit, & pour vous oster toute occasion de plainte & de fascherie, si vous reduisez en pratique ce qui est icy couché par theorie.

Premierement, quand j'ay parlé des cuissons de sucre, j'ay dit qu'il les falloit

D d iiij

faire cuire tantost à lisse gros, tantost à lisse menu ; tantost à perle gros, tantost à perle menu: or ces termes pourroient sembler de l'Alleman à qui ne les verroit pas expliquez, & en voicy l'explication qui n'est pas difficile à concevoir. Par le gros & le menu s'entend le plus & le moins cuit, en une façon ou l'autre de lisse ou de perle, en sorte que lisse gros est le plus cuit, lisse menu est le moins cuit, & ainsi de perle.

Lors que je parle du sucre en gelée, j'entends parler de celuy qui est cuit avec des décoctions ou jus de fruits : mais à propos de gelée, pour vous apprendre quand elle sera faite, prenez de cette décoction ou jus dont je viens de parler, j'entends meslé avec le sucre : prenez-en, dis-je, avec une cueilliere, & s'il tombe par morceaux & ne coule pas comme le sirop, soyez asseuré que vostre gelée est parfaitement cuite & bien faite.

Quand vous verserez vos breuvages délicieux dans des bouteilles, prenez bien garde qu'elles soient bien nettes & bien bouchées.

A l'égard de vos eaux d'Italie, conservez-les le plus fraischement que vous pourrez; mais pourtant je vous donne avis de n'en point faire qu'à mesure que vous en aurez besoin.

Ne mettez point vos sirops en un lieu trop sec, car il y auroit danger qu'ils ne candissent.

Les balets dont je parle quand je traite des Cresmes & des Laittages, doivent estre faits de petites branches d'ormeaux, qu'il faut peler & laisser grosses comme le pouce, sans oublier d'en couper les pointes. Toutefois vous les pouvez faire de boüillot bien épluché.

Il y a quelques sallades ausquelles je ne prescrits point d'assaisonnement, & je me souviens de vous dire qu'il faut les servir avec le vinaigre & le sucre.

Pour rendre vos praslines bien agreables, vous les devez ambrer & musquer avec l'ambre & le musc bien preparez.

Les massepains doivent aussi estre ambrez & musquez de mesme façon; mais d'abondant vous les pouvez glacer.

Pour donner les couleurs à vos conserves, vous devez vous servir de celles que vous aurez preparées; mais si vous n'avez des fruits ordinaires pour ainsi les accommoder; prenez, par exemple, au lieu de piſtaches, de la poirée, au lieu de grenade ou d'eſpine-vinette, prenez de la cochenille ou du ſignabre, & n'oubliés pas que vous pouvez auſſi les ambrer & muſquer.

Les fruits & les fleurs que vous aurez blanchis, doivent eſtre toûjours mis en un lieu ſec ſi vous voulez les conſerver avec honneur.

Vous pouvez leur donner telles couleurs qu'il vous plaira, ce que vous ferez comme vous ſçavez, avec celles que vous aurez preparées, conformement à ce que j'en ay dit.

La paille ſur laquelle vous mettrez vos oranges & vos citrons ſecs pour les garder, doit eſtre parfaitement nette, quoy que vous puiſſiez auſſi les mettre ſur des clayes, ou ſur du fil de richard.

Garniſſez, ſi vous me voulez croire, vos compottes d'eſcorce de citron confite, de piſtaches, de grains de grenade, de ceriſes à oreille, de brugnoles glacées, & de quelques autres choſes ſemblables.

Si vous voulez réüſſir quand vous faites vos confitures liquides, mettez-y autant de ſucre que de fruit; à la reſerve des coins & des ceriſes, car il faut pour chaque livre de coins cinq quarterons de sucre, tout au contraire des cerises, à la livre desquelles il n'en faut que trois quarterons.

Ne plaignez pas le sucre aux oranges & aux citrons, car vous n'y en sçauriez trop mettre, & il faut qu'ils nagent dedans en estant tout couverts. Que si vous apprehendez une dépense inutile, sçachez que ce qui en pourra rester, servira avec honneur & profit aux conserves, aux praslines, aux compottes de poires, & aux noix vertes.

A l'égard des confitures seches, il faut observer la mesme regle de chaque livre de sucre pour chaque livre de fruit. Et je vous donne avis de les mettre dans des boëtes de sapin ou d'autre matiere, mais toûjours entre deux papiers, quand vous les aurez tirées de l'estuve. Ne manquez pas aussi de les tenir en lieu sec & de les changer de papier de temps en temps, jusques à ce qu'elles ne jettent plus de sirop, & que le papier dans lequel elles seront enfermées, soit tout sec. Le sirop que vous en tirerez, pourra estre employé à faire des confitures liquides, & des pastes de fruits : mais en cas que vous vous en serviez, il faut moitié sucre & moitié sirop.

Vous devez serrer vos pastes de fruits

dans des boëtes de sapin, ou d'autre matiere, de mesme que vos confitures seches, & changer aussi souvent le papier dans lequel elles seront envelopées.

Quand vous voudrez faire vos pastes, mettez-y aussi pesant de sucre en poudre que de marmelade: toutefois si vous estes ménager, vous pouvez sans aucun inconvenient, ne mettre que trois quarterons ou demy livre de sucre à chaque livre de marmelade.

Vos candits doivent estre soigneusement gardez en un lieu sec.

A l'égard des pastes de Gennes, il suffit entierement de mettre demy livre de sucre à chacune livre de marmelade.

Le sel blanc doit aussi toûjours estre en un lieu sec. La raison en est assez évidente.

Ayez grand soin de vos bassines ou poeslons, dans lesquels vous faites vos confitures, soient toûjours bien clairs & bien nets, sçachez qu'il est fort à propos, & mesme necessaire, que vostre escumoire ou cueilliere soit de mesme matiere, ou plûtost d'argent.

Le four dans lequel vous ferez cuire vos massepains, doit aussi estre de cuivre rouge ou de fer. Que si vous n'en avez point chez vous, ou de portatifs en la campagne, servez-vous de ceux des Pastissiers & des Boulangers par faute d'autre.

Pour preparer vostre musc comme il faut, mettez-le dans un petit mortier de fonte, pilez-le avec un pilon de semblable matiere, meslez-y un peu de sucre en poudre, & aprés que le tout sera bien broyé ensemble, serrez-le dans du papier pour vous en servir au besoin.

Vous pouvez preparer l'ambre de la mesme façon, & mesme les mesler ensemble, pour vous en servir tant aux breuvages qu'aux confitures.

Pour preparer la poirée, prenez-en des feüilles, pilez-les dans un mortier, tirez-en le jus & le passez dans un linge. Mettez-le ensuite dans un plat sur le feu : lors qu'il commencera à boüillir, jettez-le dans un tamis, ou sur une serviette, & prenez l'écume qui sera demeurée sur ce tami, ou sur cette serviette, pour vous en servir quand vous voudrez donner une couleur verte à vos pastes & à vos conserves.

Quand vous la voudrez donner rouge, prenez une once de cochenille, demy-once d'alun, & demy-once de Christal mineral, pilez & brisez le tout ensemble dans un mortier de fonte; estant bien pilé, serrez-le, & quand vous en aurez besoin, délayez-le avec du verjus, ou de l'esprit de vin, passez-le dans un linge, & en prenez le jus.

Quand vous la voudrez donner jaune, prenez des lys que vous aurez en Esté, tirez les petits brins jaunes qui sont dedans, faites-les secher, mettez-les en poudre, & vous en servez quand vous en aurez affaire.

Voila Lecteur, quelques avis que j'ay jugé non seulement utiles, mais aussi necessaires pour vostre satisfaction, afin que vous puissiez pratiquer avec contentement ce qui vous est enseigné dans ce Livre. Je vous en souhaite une plus ample & plus solide experience, après la gloire que j'ay receuë, les pratiquant en public avec succés.

FIN.

TABLE ALPHABETIQUE

DES TITRES ET MATIERES
Contenuës dans le parfait Confiturier.

A

AVertiſſement au Lecteur, Page 1. 10. & 11.

Avis neceſſaire pour ſe ſervir utilement de ce Livre. 317
Gros Abricots ſecs. 66
Petits Abricots ſecs. 67
Abricots ſecs. 128
Abricots verds à oreilles des plus nouveaux venus. 129
Autre façon de Confiture ſeiches. 144
Abricots verds, 148. Abricots ſecs. 149
Amandes vertes. 150
Abricots à oreilles. 152
Abricots candites. 161
Abricots verds liquides. 166
Abricots meurs liquides. là meſme.
Amandes vertes liquides. 174
Autre façon de Confiture liquides. 176
Abricots verts liquides. là-meſme.
Abricots meurs liquides. 177

TABLE

Abricots avec la peau & le noyau. 17
Amandes vertes liquides. 17
Amandes à la Praſline. 20
Praſline de roſes. 20
Praſline de violette. là-meſme
Praſline de Geneſt. 20
Praſlile d'orange. là-meſm
Praſline de citron. là-meſm
Amandes de Languedoc frites. 20
Cus d'Artichaux confits. 233. & 23
Abaiſſes glacées. 238. Aigre de Sedre. 2
Aubes, Peſches, Prunes & Poires a
  Mouſt.   B   30

Paſte de ſucre, que l'on nomme ordinair
  ment Biſcuits de ſucre.

Biſcuits communs. 8
Biſcuits de fleurs d'orange. 9
Biſcuits de fleurs d'orange glacée.
Biſcuits de jaſmin. là-meſm
Biſcuits de citron. 9
Grands Biſcuits de citron. là-meſm
Biſcuits de Savoye. 9
Biſcuits à la Chanceliere. 9
  Autre façon de Biſcuits, Macaron
    & Maſſepin.
Biſcuits à la Royal. 9
Biſcuit de citron. 9
Petit Biſcuit de citron, là-meſme. Biſcu
  ſoufl

DES MATIERES.

soufflé, 98. Biscuit de Savoye.   100
Biscuit de couleur de roses, & violette, 98.
Biscuit enlevé.   99
Pour faire des Biscuits marbré.   102
Bouton de roses secs.   158

Des Beurres, Cresmes & Laittages.

Beurre d'amande.   205
Beurre de pistaches.   là-mesme.
Beurre filé & frisé.   206
Bouton de roses secs.   234
Breuvages délicieux.   244

Autre maniere de faire du Biscuit, Macaron, & Massepain.

Biscuits à la Royal.   270
Biscuits de citron.   271
Biscuits & Massepin marbré.   272

Des Confitures de fleurs au sec.

Bouton de roses au sec.   280
Bouton d'œillets au sec.   281

C

COnfiture à la compotte au sucre. 213.
  & 293
Autre maniere de Compotte au sucre. 18.
Compotte de poires en guise de coins
  rouge.   13.
Compotte de coins par quartiers meurs. 14.
Compotte de toutes sorte de pommes par
  quartiers.   là-mesme.

TABLE

Compotte de poires de cerceau.
Compotte de poires en guise de pômes. 1
Compotte de pommes de cablier entieres là-mesme.
Compotte de citrons. 1

Autres manieres de Compottes.

Compotte de pommes de Reinette. 1
Compotte de pommes de Calville. 1
Compotte de tranches de citron. là-mesm
Compotte de chair de citron. 2
Compotte d'orange. 2
Compotte de marons. là-mesm
Compotte d'épine-vinette. 2
Compotte de paires. là-mesm
Compotte de coins de plusieurs façons. 2
Conserve de fleurs d'orange liquides e marmelade. 2

Pour faire des Conserves excellentes de roses de Provins aprés le repas, & le matin

Conserve de citron. 11
Conserve de grenades. là-mesm
Conserve de pistache. 11
Conserve de cerises & d'abricots. là-me
Conserve de framboises. là-mesm
Conserve de groseilles rouges. 11
Conserve de fleurs d'orange. là-mesm
Conserve d'eau de fleur d'orange. 11
Conserve de fleurs d'orange liquides. là mesme.

DES MATIERES.

Conserve meslée. 115
Conserve d'amandes seiches. là-mesme.
Conserve marbrée. 116
Conserve de toutes sortes de jus. 117
Conserve de violettes de Mars. là-mesme.
Autre maniere de faire de la Conserve de diverses façons.
Conserve de roses. 118
Conserve de fleurs d'orange. 119
Conserve d'eau de fleurs d'orange. 120
Conserve de jus de citron. là-mesme.
Conserve de raclure de citron. 121
Conserve de toutes sortes de fruits. là-mes.
Conserve de pistaches. 122
Conserve de grenades. 123
Conserve de violettes. là-mesme.
Conserve de cerises. là-mesme.
Conserve en forme de tranches de jambon. 124
Caramel de diverse façon. 126
Maniere de faire toutes sortes de Confitures seiches.
Cerises seches. 127
Cerises sans noyaux seches. 128
Chair de citron seches. 136
Cerises seiches à oreilles. 150
Des Confitures liquides au sucre.
Cerises liquides. 163

Ee ij

TABLE

Autre façon de Cerises qui se garderoi
plus long-temps. 16
Cerises aigres, ou agriottes liquides. *là-m*
Petits Citrons verts liquides. 16
Citrons entiers liquides. 16
Cus d'artichaux liquides. 17
Coins liquides. 175. & 17
Cerises liquides & sans noyau. 17

Des Cotignats.

Pour faire du Cotignac, 196. 197. 198. 199
200. 201. & 202.

Cresme en roche. 20
Cresme de Sedan. 20
Cresme de S. Gervais de Blois. *là-mesme*
Cresme à la Mazarine. 21
Cresme de Bourdeaux. 20
Cresme blanche. *là-mesm*
Cresme de laict d'amandes. 20
Cresme de pistaches. 21
Cresme pour faire des tourtes de lai
d'amandes. 20
Cresme cuitte, 210. Cresme foüettée, 2
Cresme d'Angleterre. 2
Pour faire des Cresmes de diverses f
çons. *là-mesm*
Callebots de Bretagne. 21
Des Conserves tres-excellentes aprés
repas faites d'une autre maniere que
les precedentes.

DES MATIERES.

Conserve de roses de Provins. 285
Conserve de citron. 286
Conserve de grenades. là-mesme.
Conserve de pistaches. 287
Conserve de framboises. là-mesme.
Conserve de cerises & d'abricots. là-mesm.
Conserve de groseilles rouges. 288
Conserve d'eau de fleurs d'orange. là-mes.
Conserve de fleurs d'orange seches. 289
Conserve de fleurs d'orange liquides. 289
Conserve meslée. 290
Conserve d'amandes. là-mesme.
Conserve marbrée. 291
Autre maniere de Confiture à la Compotte au sucre.
Compotte de poires en guise de coins rouges. 293
Compotte de toutes sortes de pommes par quartiers. 294
Compotte de poires en guise de pomes. 295
Compotte de citron. là-mesme.
Pour Confire toutes sortes de fruits sans sucre. 296
Pour faire des Confitures au miel. là-mes.
Pour clarifier le miel pour confire des fruits. 301
Cerises au miel. 302
Cotignac au miel. 30
Des Confitures au moust. 30

TABLE

Coins au miel. 307

D

POur faire toutes sortes de Dragées. 256. & 268
Amandes pelées, 257. Amandes lissées. 258
Anis de Verdun. *là-mesme.*
Coriandre pelée. 259
Fenoüil de Dragées. *là-mesme.*
Poix sucré, ou gros Verdun. *là-mesme.*
Pistaches lissées. 260
Canelas de Milan en Dragées. *là-mesme.*
Orangade perlée. *là-mesme.*
Graine de melon en Dragées lissées. 261
Graine de concombre en Dragées lissées. *là-mesme.*
Graine de citroüille en Dragées. 262
Abricots lissez en Dragées. *là-mesme.*
Dragées de chair de citron. *là-mesme.*
  Autre maniere de faire des Dragées.
Canalet de Milan. 268
Dragées menuës musquées. 269
Dragées d'écorce de citron, ou d'orange. *là-mesme.*
Des Confitures au miel. 301

E

Les Eaux d'Italie.
EAu de jasmin. 240
Eau de fleurs d'orange. 241

DES MATIERES.

Eau de roses de muscades.   là-mesmes.
Eau de Framboise.   là-mesme.
Eau de fraises. 142. Eau de cerises. là-mesme.
Eau de groseilles rouge.   là-mesme.
Eau d'abricots.   là-mesme.
Eau de canelle. 243. Eau de coriandre. là m.
Eau d'anis, 243. Eau de citron, 244
Eau d'orange.   là-mesme.
Des breuvages délicieux d'hypocras.
Pour faire l'Eau de jasmin.   252
Eau de canelle.   297
Pour faire Eau de canelle plus promptement.   298

F

Fleurs d'orange liquides.   26
Figues seches.   141
Pour candir toutes sortes de fruits & de fleurs.
Feurs d'orange candites.   160
Fleurs de violettes candites.   là-mesme.
Fleurs de Genest candites.   là-mesme.
Framboises liquides.   164. & 180
Fenoüil & anis blanchy par bouquets, 215. & 282.
Fromage de maison.   220
Fenoüil blanc, 229. Fenoüil rouge, là-mesme, & 283. Fenoüil bleu, 230. & 283.
Pour blanchir des œillets, des roses & des

TABLE

violettes. 230. & 284
Pour blanchir du Fenoüil. 231
Pour faire du Fenoüil rouge & bleu. 232
Fraises contrefaites. 239
Pour blanchir des Fraises, framboises, &
   groseilles rouges au sec. 284
Pour faire de petits Fromages à la cresme,
   qui se mangent depuis Pasques jusques
   à la S. Jean. 299
Fromages à la cresme à la mode d'An-
   gleterre. 300

G

Groseilles vertes seches. 132
Groseilles vertes. 150
Gorges d'Anges. 147
Groseilles nouvelles liquides. 164
Groseilles rouges liquides. 165. & 180
Groseilles vertes liquides. 179

Des Gelées de fruits.

Gelée de Groseilles. 188. & 194
Gelée de Verjus. 188. & 195
Gelée de cerises. 189. & 195
Gelée de coins. 189. & 195
Gelée de pommes, poires, pesches, & au-
   tres fruits. 190
Gelée de framboises, grenades, groseilles
   blanches & rouges. 191
Gelée de pommes. là-mesme & 195

Gelée

DES MATIERES.

Gelée d'oranges. 192
Marmelade de Gelée d'oranges. *là-mesme.*
Autre Gelée de toutes sortes de fruits. 193
Gelée de framboises. 194
Galans & rubans d'Angleterre. 215
Grivault de Bretagne. 218
*Pour faire des Gasteaux de Cerises, d'a-
bricots de pistaches, & d'amandes.* 235
Gasteaux de paste de citron. 236
Pour faire de la Gelée de viande pour les
riches. 263
Pour faire de la Gelée de toutes sortes de
fruits sans sucre. 297

H

POur tirer de l'Huile d'amandes douces. 298

L

LA maniere de bien faire la cuisson du
sucre. 3
Les differentes cuissons de sucre. 11
Des Limonades de fleurs de jasmin, de
fleurs d'orange, de roses de muscades,
des œillets, & de citron, lesquelles se
boivent en festins & banquets. 252
Limonade commune. 254
Limonade de jasmin. *là-mesme.*
Limonade de citron. 252
Limonade de fleurs de jasmin. 252

E e

TABLE

Limonade musquée. 253
Les Confitures à la Compotte au sucre. 13

M

Marmelade de pommes. 27
Pour faire des Muscadins. 88
Pour contrefaire des fraises de paste de Massepin. 89
Pour faire des Macarons de toute façõ. 101
Du Massepin marbré & biscuits. 102
Massepin filé & glacé d'amandes. 103
Massepin cõmun, 104. Massepin royal. 105
Massepin frisé, 106. Massepin soufflé, 107. Massepin mollet, 108. Massepin d'orange, *là-mesme*. Massepin de citron, *là-mesme*. Massepin glacé. 109
Meurs liquides. 167. & 182
Muscat liquide. 185
Marmelade de gelée d'oranges. 192
Macaron. 238
Muscadin, 239. Maron à la Limosine, *là-mesme* & 240
Des Macarons, 271. Massepin filé & glacé d'amandes. 273
Pour faire Moutarde de Dijon. 299

N

Noix au sec. 136
Noix blanche seches. 137. & 159
Noix vertes liquides en trois jours. 170

DES MATIERES.

Noix vertes liquides. 171
Autre façon de Noix vertes liquides, qui se conserveront toûjours blanches, & ce en un jour. 172
Noix blanches liquides. 181
Nefles de Dauphiné. 205
Neige. 216
Noix vertes au miel. 303

O

ORange & citron seches. 133
Pour faire promptement des Oranges & Poncilles seches. 134
Oranges entieres. 144
Oranges entieres Candites. 161
Oranges liquides, 168. Orangade. 255
Observation sur les qualitez des fruits bons & fiévreux pour la santé. 310
Pour confire des Olives au sel. 48
Olives vertes. 50

P

Des Confitures au sel & vinaigre tres-excellentes pour manger en salades au temps d'Hyver, & autres saisons.
POur confire du pourpier. 44
Pour confire des concombres & petits melons. 45
Pour confire des laictuës pommées & choux cabus. 46

TABLE

Pour confire des capres au vinaigre & sel. *là-mesme.*
Pour confire des capres au sel seulemēt. 48
Pour confire des olives au sel. *là-mesme.*
Pour confire des olives en vingt-quatre heures. 50
Autre façon pour confire des olives vertes. *là-mesme.*
Pour faire d'excellent vinaigre. 51
Pour faire du vinaigre d'ails. 52
Pour faire du vinaigre de framboises. *là-mesme.*
Pour faire du vinaigre de roses. *là-mes.*
Pour faire du sel blanc.
Pour faire des Pastes de fruits seches.
Pour faire ramage de Paste de Gennes de purs coins. 53
Paste de toutes sortes de coins & de poires. 54
Paste rouge contrefaite seches. 55
Pastes de pommes, pesches, poires, & autres fruits seches. 56
Paste de cerises contrefaites seches. 57
Paste de melon seches. *là-mesme.*
Paste de cerises seiches. 58
Paste de verjus seches. *là-mesme.*
Paste de raisin muscat seches. 59
Paste de citrons. 60

DES MATIERES.

Paste de poires de Rousselet. là-mesme.
Pour faire les Confitures seches. 62
Paste de groseilles rouge seches. 63
Petites cerises seches. 64
Paste d'abricots. 65
Prunes seches Imperiales ou Perdrigons. 68
Paste de pesches. 69
Paste de coins. 70
Paste de verjus. 71
Paste de fleurs d'orange. 72
Autres façon de Pastes de toutes sortes de fruits.
Paste de cerises. 72
Paste de groseilles rouge. 74
Paste de framboises. là-mesme.
Paste d'abricots. là-mesme.
Paste de pesches. 75
Paste de verjus. là-mesme.
Paste de coins. 76
Pastes de Pommes. là-mesme.
Pastes contrefaites. 77
Paste de cerises contrefaites. là-mesme.
Pour faire d'autres pastes legeres. 78
Pour faire des Pastes contrefaites de diverses couleurs, lesquelles peuvent servir aux conserves.
Paste rouge, 79. Paste verte, 80. Paste jaune, là-mesme. Paste de fleurs. 81
Paste de violette, là-mesme. Paste de fleurs d'orange, là-mesme. Paste de Gennes. 82
Des Pastes de sucre de diverses façons.
Pour faire de la paste de sucre en façon de ruban d'Angleterre de diverses couleurs. 83
Pour faire de la paste de sucre en forme de jambon. 85 & 86
Pour faire de la paste de jasmin. 87

TABLE

Paste de neige, 88. Paste legere. *là-mesme.*
Prunes seches de toutes sortes. 130
Prunes d'Hyver seches. 131
Grosses & petites poires seches. 138
Poires de Genes seches. 140
Pesches vertes seches. 143
Prunes Imperiales sans peau. 153. Pavis. 155
Prunes Imperiales avec la peau. *là-mesmee.*
Prunes de l'Isle verte. *là-mesme.*
Pesches de Corbeil. *là-mesme.*
Poires de Rousselet. 155. Poires de Muscadet. 157
Poires de Blanquette. *là-mesme.*
Poires par quartier. *là-mesme.*
Pommes par quartier. *là-mesme.*
Pesches candites. 162
Prunes liquides, 168. Prunes au miel. 302
Pour faire des Confitures au Moust, ou autrement, cuit au temps de vendange.
Pour confire promptement des fruits. 304

R

REmarques à faire sur les Confitures tant seches que liquides. 187
Ricottes de Langres. 219
Rosolis. 249
Roses seches. 280
Pour faire du Raisinée en temps de vandanges. 306

S

Salades pour les quatre saisons de l'année.
SAlade de chicorée. 28
Salade de chicorée cuite. 29
Salade de chicorée sauvage verte. 30
Salade de chicorée blanche. *là-mesme.*
Salade couronnée. 31
Salade de persil Macedoine. 35

DES MATIERES.

Salade dapuy cuit. là-mesme.
Salade de racine dapuy. 36
Salade de sellery crû. là-mesme.
Salade de sellery cuit. là-mesme.
Salade de racine de sellery. là-mesme.
Salade de citrons. 37
Salade de Bettraves. là-mesme.
Salade d'écorce de citron. là-mesme.
Salade d'amandes douces. 38
Salades de pistaches. là-mesme.
Salade de concombres vinaigrez. là-mesme.
Salade d'anchois 39. Salade de petites laituës. 40
Salade de pourpier. là-mesme.
Salade de laituës & pourpier. là-mesme.
Salade de santé. 41. Salade de brocolis. là-mesme.
Salade de réponse. là-mesme.
Salade de réponse cuite. 42
Salade de laituës de Gennes. là-mesme.
Salade de laituës communes. là-mesme.
Salade de laituës Romaine. 43
Salade de cordons de chicons. là-mesme.
Salade de concombres. 43

Des Sirops de fruits.

Sirop de pommes. 220. Sirop de meures. 221
Sirop de cerises. là-mesme.
Sirop de cerises sans sucre. 222
Sirop de roses seches. là-mesme.
Sirop de groseilles rouges. 223
Sirop de coins. là-mesme.
Sirop d'abricots. 226. Sirop de verjus. 227
Sirop de coins. 228. Sirop de grenade. 229
Sirop de citron. là mes. Sorbec d'Alexandrie. 230

Pour tirer le jus ou Suc de toutes sortes de fruits.

Suc de meures. 275

TABLE

Suc de groseilles rouge. *là-mesme.*
Suc de cerises. *là-mesme.*
Suc de grenade. 276
Suc de citrons & limons. *là-mesme.*
Suc de roses rouges & pasles. 227
Suc de coins. *là mesme.*
Pour clarifier les susdits Sucs. *là mesme.*
Pour tirer le suc des pommes & le clarifier. 279

T

Tailladin d'orange, ou oranges en rocher. 145
Toutes sortes de fleurs au sec. 234
Tourtes à la Combalet. 237

V

Verjus avec la queuë secs. 139
Verjus secs de plusieurs façons. 158
Verjus verd liquides. 166
Verjus liquides, 185. Vin brûlé, 255
Vin des Dieux. 256
Pour faire d'excellent Vinaigre. 51
Vinaigre de Framboises. *là-mesme.*
Vinaire à l'aile, 52. Vinaigre de roses. *là mesme.*
Vinaigre de plusieurs fleurs. 53

Y

Pour faire Ypocras clairet excellent & promptement. 244
Ypocras blanc aussi tres-excellent. 245. 267. & 268
Pour faire de l'Ypocras encore plus excellēt. 246
Ypocras d'eau au lieu de vin. 247
Ypocras de vin rouge. *là mesme.*
Ypocras de vin blanc. 248

Z

Zestes d'oranges. 146
Zestes de citrons, *là-mesme, &* 147

FIN.

www.ingramcontent.com/pod-product-compliance
Lightning Source LLC
Chambersburg PA
CBHW070847170426
43202CB00012B/1978